必ずくる震災で日本を終わらせないために。

名古屋大学教授・減災連携研究センター長
福和伸夫
Nobuo Fukuwa

時事通信社

まえがき

１４１０兆円。

２０１８年６月、土木学会が発表した南海トラフ地震の損害額推計です。地震発生20年間で日本は最悪これだけの経済的損害を受けるというのです。国の一般会計予算の約14倍。首都直下地震の損害推計は７７８兆円。

静岡から宮崎まで延々と続く被災地。石油やＬＮＧの輸入が途絶え、燃料、電気、水、通信が長期間途絶する……。ものがつくれず、金融資産は暴落。「次の震災」はぞっとするような国難です。それから目を背けたり、諦めたりするのはまずいと思います。

「災い転じて福となす」。私はいつもこんな気持ちで活動しています。最悪のように見える災害でも、今からちゃんと身構え備えれば、乗り越えられます。

1978年に制定された大規模地震対策特別措置法（大震法）の東海地震の予知を前提とした対策が、2017年に凍結されました。地震は予知できないことになりました。でも、一方で、次の震災がとてつもないものであることが分かってきました。いったいどうしたらいいのか？

私は中央防災会議の作業部会主査として、2018年末、南海トラフの想定震源域で異常が観測された場合の対応についての報告書のとりまとめを行いました。

予知はできない。でも被害は防ぎたい。警戒を長期間続ければ社会はまひし、生産は止まる。地震が来なくても「社会を殺す」ことになりかねない。警戒をしなければ命を守れない。作業部会はこんなジレンマとの戦いでした。

一方で私は、地元名古屋で企業や役所の人を集めたいろいろな枠組みで、生命だけでなく、インフラや企業活動を救う手段について話し合っています。そこでは本書執筆中に起きた２０１８年のさまざまな災害で露呈したインフラの脆弱《ぜいじゃく》さを予見するような論議が展開されていました。

この本にはこうした私の活動から得たことをできるかぎり盛り込みました。皆さまに「我がこと感」を持ってもらうために、リアルに描きました。いつもながら言い過ぎのところがあったらお許しください。

必ずくる震災で日本を終わらせないために。◆もくじ

序章

シミュレーション・半割れ

緊急地震速報

中村湊《みなと》は大阪生まれの34歳の会社員。名古屋大学工学部を卒業後、名古屋市内に本社のある大手自動車部品メーカーに入社し、工場勤務を経て本社で技術営業畑を歩んできた。妻のみずほは東京出身、介護福祉士をしている二つ年下の32歳。小学2年の長女みなみ、保育園児の次女みどりと共に今は名古屋市の西部、中川区のマンションの5階に住んでいる。

10月27日深夜、取引先との飲み会を終え、帰宅した中村は、妻と2人の娘の寝顔を確認し、シャワーを浴びて寝室へ向かった。明日も朝から会議だ。新しい電気自動車用部品の納入スケジュールはかなりタイトで、会議もひと波乱あるだろう。

中村は疲れと酔いを感じながら布団に入ると、一気に眠りに落ちた。

＊　有史以来最大級の南海トラフ地震は1707年の宝永地震で、新暦にすると10月28日に起きています。陸域で起きた最大級の活断層地震、濃尾地震（1891年）も10月28日。その他にも、878年10月28日（元慶2年9月29日）には関東地震と思われる相模・武蔵地震が、旧暦ですが慶長16年10月28日（1611年12月2日）には慶長三陸地震が起きています。

このシミュレーションで設定した「10・28」は地震の特異日かもしれません。大地震が時代や国家を大きく変えてきたことを**6章「諦める災害、防ぐ災害」**に書きました。

ブーブー……。

28日未明、聞き慣れないブザー音で目を覚ました。枕元のスマートフォンからだ。慌てて画面を見ると、「緊急地震速報」の文字が目に飛び込んでくる。時刻は午前5時45分。まだうす暗い部屋の中で表示された文字を追う。

「四国沖で地震発生。強い揺れに備えてください（気象庁）」

「どうしたの？」

妻のみずほが目をこすりながら起き上がる。まだ揺れは感じない。

「テレビをつけてみよう」

中村はふすまを開けて、リビングにあるテレビのスイッチを入れた。

ピロンピロンピロン……。鳴り響く警報音にギクリとする。

「緊急地震速報です。強い揺れに警戒してください」

アナウンサーが緊張した様子で呼び掛ける。

＊ 緊急地震速報の仕組みや機能、その使い方については **7章「これからの防災、減災」** をご覧ください。

「緊急地震速報が出ました。ご覧の地域では強い揺れに警戒してください。揺れが来るまではわずかな時間しかありません。けがをしないように自分の身の安全を確保してください。倒れやすい家具などからは離れてください」

画面には、「和歌山、徳島、高知、宮崎、三重、奈良、大阪、愛媛、宮崎」などの府県名。震源を表す赤いバツ印は、高知県のすぐ沖。南海トラフ地震という言葉が脳裏をかすめた。名古屋にもすぐに揺れが到達するが、まだ間に合う。中村は慌てて寝室に引き返し、子どもたちを起こした。

「みなみ、みどり、地震が来るよ！　机の下に隠れよう！」

寝ぼけまなこの娘2人をダイニングテーブルの下に潜り込ませ、頭から抱きかかえる。

「じしん？　ゆれてないよ？」

みなみが言ったとたん、地鳴りがした。同時にガタガタと突き上げるような縦揺れが起き、しばらくして大きな横揺れに変わった。

「キャー！」

みずほと娘たちが悲鳴をあげる。

まるで船で嵐の中に放り込まれたような感覚を覚えながら、ズルズルと滑るテーブルの足を必死に握る。家具止めはきちんとしておいたにもかかわらず、部屋全体が揺れるせいで、棚の上からいろいろなものが滑り落ちてくるのがテーブルの下から見えた。戸棚の食器は中でぶつかって割れているのか、ガチャンガチャンと嫌な音が聞こえてくる。テレビもグラグラと揺れて今にも倒れそうだ。

「ヤバイ、本当に来ちゃったのか、南《なん》トラ……」

「ナントラ?」

「南海トラフ地震」

太平洋沿岸全体に大津波警報

「怖かったぁ。でも、そんなに揺れなかったんじゃない?」

2分ほど経ったころ、みずほがいくらか落ち着きを取り戻した様子で言った。揺れはほぼ収まり、中村は娘を抱きかかえながらテーブルの下からはいでた。

倒れるのを免れたテレビの画面には、屋外カメラがとらえた激しく揺さぶられる高知や和歌山の様子が映し出されていた。一方、ニュースを伝えている東京のスタジオはあまり揺れていないようだ。

震源は、高知県の室戸岬沖、マグニチュードは8・2と表示された。続いて各地の震度が表示される。高知中部、高知東部、徳島北部、徳島南部、和歌山南部で震度7。

「名古屋は……6、いや5だったのか」

やや拍子抜けした気分で中村はつぶやいた。窓の外

各地の震度（イメージ）

はぼんやりと明るくなり始めていた。カーテンに手を掛け、外を見渡すが建物が壊れたり、火事が起こったりしている様子はない。向かいのマンションで干しっぱなしの洗濯物が風に揺れている。薄明かりの空をスズメが飛んでいる。いつもと同じ住宅地の穏やかな景色そのものだった。

「大阪は震度6弱だって」

テレビを観ていたみずほの声で、はっと気付いた。大阪の実家は大丈夫だろうか。電話は通じるのか。そう思って中村がスマートフォンに手を伸ばした、そのとき。

ピリピリピリピリ……。

「大津波警報が出ました。皆さん、今すぐ逃げてください！」

アナウンサーがひときわ大きな声で叫んだ。画面には太平洋沿岸が真っ赤に縁取られた日本列島の地図。……大変だ。名古屋港にも数メートルの津波がやって来るのではないか。ここ中川区はほとんどが海抜ゼロメートル地帯だ。堤防が揺れで壊れてしまったら、この辺りまで浸水する可能性はある。

「うちは5階だから大丈夫だよね？」

みずほが声を震わせて中村の顔をのぞきこむ。

「今のところ周辺の家も壊れていないし、液状化もしてなさそうだから大丈夫だろ。でも、これは南海トラフ地震の西の半分で起こった『半割れ』かもしれない」

「ハンワレ？」

「南海トラフが……半分割れたんだ」

「半分って……どういうこと？」

中村がみずほの疑問に答えようとしたとき、テレビが「西」の壮絶な状況を伝え始めた。

「和歌山県串本町に津波が到達した模様です！　逃げてください！」

現地の映像はまだ薄暗いが、黒い海にちらちらと白い波頭が見える。画面は「L字」に切り替わっており、上に震度情報、左に津波の到達時刻や予想高さ。沿岸が真っ赤に点滅する日本地図が表示されている。それを今は息を飲んで見つめるしかない。

「あ、また揺れた！」

中村は余震の中、再び子どもたちを抱き寄せ、身構えた。

その時、「南海トラフ沿いの地震に関する評価検討会が開催へ」とテロップで速報が流れた。

西の半割れ

1時間近く経ち、空はすっかり白み、朝がやってきた。テレビのニュースでは、上空のヘリコプターからの映像も流し始めている。高知の沿岸部は津波に襲われている。大阪湾にも津波が到達し、船や港のコンテナが濁流で流されていく中、黒い煙があちこちから巻き上がっている様子が映し出された。

実家の電話はつながらなかったが、母親から「こちらは無事よ」というメッセージが中村のスマートフォンに届いた。大阪郊外の千里ニュータウンだから津波は大丈夫だろうが、大阪市内は大混乱だろう。

一方の名古屋は比較的、落ち着いている。名古屋港の大津波警報は、津波警報に引き下げられた。窓の外を見る限り、浸水や液状化したところはないようだ。しかし、電車やバスは動いているのか、会社や学校はどうなるのか。

「ローカル局にちょっと変えてみてくれ」

中村がみずほに言うと、みずほはチャンネルをローカル局のニュースに切り替えた。市内の地下鉄とJR、私鉄は始発から運休して点検中。高速道路も全線で通行止めとなっている。だが、致命的な被害は出ていないようだ。電気、水、ガスも今のところ止まっていない。

会社からは安否確認メールが届き、中村は「無事」と返信した。BCP(事業継続計画)の研修で、出勤しなくていいのは震度6弱以上と聞いた気がする。交通機関が動き出したら、出社すべきだろう。

「西の半割れだから、名古屋はこれからが大変かもしれないな。俺は、この後、仕事に行かなくちゃいけないから、子どもたちにはとりあえずごはんを食べさせよう」

中村はテレビの前でスマートフォンをチェックし続けるみずほに言った。

「うん、私も仕事に出なきゃいけないと思う。だけど学校と保育園から、まだ連絡が来ないのよ。他のお母さんたちも分からないって。ところで、さっき言ってた半割れって何なの？ テレビでもちらほら言ってるけど……」

みずほがそう言いかけたところで、ニュース速報が流れた。

「南海トラフ地震で気象庁が『臨時情報』を発表、首相が会見へ」

30分ほど前にあった気象庁の会見では、地震津波監視課長が「さきほどの地震については、震源域の西側で地震が起きた可能性があります。東側についても次の地震が来る可能性がありますので注意してください」とコメントしていた。それが有識者の会議で認定され、正式発表されたということだろう。みずほは、この会見も職場や保護者同士のＬＩＮＥのやり取りに気を取られ、よく聞いていなかったようだ。

「南海トラフ地震は、100年から200年に一回繰り返し起こってるんだ。だいたい東海沖から九州沖が震源域になって、全区域でいっぺんに起きることもあるし、二つに分かれて起こることもある。最初に全区域のうち半分の側だけで起きるのが半割れ。残り半分も必ず大地震を起こす。前々回の安政地震の時は32時間後、前回の終戦前後の時は2年後に残りの区域で地震が起きたんだ」

「じゃあ、私たちのところも、こんな風に……いつ……？」

みずほは、テレビの画面を見ながらつぶやいた。

「今すぐか、2年後か……分からない」

「そんなこと言われても。じゃあ、どうすればいいの？」

「とりあえず、落ち着こう。まず落ちそうなものは床に置いて。次の地震があったら、ここにも津波が来て、液状化するかもしれない。備蓄は3日分じゃ足りないな。水だけでも1週間分、買っておいた方がいいね。お風呂にも水を

＊ 過去の南海トラフ地震では、東と西で分かれて起きた場合、東が先に起きておりますが、このシミュレーションでは西が先としました。南海トラフ地震とは何か、予知が難しいこと、それではどう備えればいいかについては、**1章「予知できない時代の震災対策」**で説明しています。

ためておこう」

「今、学校も保育園もあるって、メールが来たわ。大丈夫かしら？」

「うーん、ここにいるよりは学校の方が安全かもしれない。仕事に行くにしても、買い出しに行くにしても、子どもを預けられなきゃ何もできないもんな。地下鉄は動き始めたみたいだから、俺はみなみを送ってから、会社に行くよ」

「施設からは、遅れてもいいからとりあえず来てって。私はみどりを保育園まで送って、ちょっと買い出ししてから仕事に行くわ」

「何かあったら、小学校で待ち合わせしよう」


食事を済ませ、みなみの手を引いて出かける夫の後ろ姿をじっと見送りながら、みずほは、今晩、みんなここに戻ってこられるだろうか……と思い、少し涙ぐんだ。

土壇場のBCP

中村はすし詰めの電車の中で、みずほと玄関先で別れるとき、もう一度振り返りたい気持ちを押し切って仕事に気持ちを切り替えようとしたことを少し後悔していた。妻との出会い、子どもが生まれたころのことを何度も思い出しながら電車に揺られていた。

混雑と運行の乱れで、いつも以上に時間はかかったが、何とか名古屋駅までたどり着いた。東海道新幹線は名古屋から西が完全に止まっているという。東京方面へは本数を減らして往復運行しているようだ。予想通り中央改札前は大混雑していた。一部の人たちが駅員に詰め寄って怒鳴っている横を通り抜け、駅を出ると、道路は渋滞が激しく、コンビニは人であふれている。水や食料をまとめ買いした人たちが、袋をいくつも手にして店を出てくる。みずほはうまく買い出しができただろうか……。

＊ BCPは事業継続計画（Business Continuity Plan）。多くの企業のBCPの問題点は、「社外のこと、電気、水、燃料、通信、道路、堤防などのライフラインやインフラを考えていない」ことです。インフラの問題も含め、**3章「ホンネで語るとこんなに怖い」**でじっくりと検証しました。

「中村、よく来れたな。実家の方は大丈夫なのか？」

会社に着くと、同僚の守山が真っ先に声を掛けてきた。守山も大阪出身で、互いに実家の無事を確認できた。一方、社内はそれどころではない。西日本の得意先がいずれも大変な状況で、名古屋から現地に駆け付けるかどうかで激論が交わされていた。

「ＢＣＰでは『西日本を助けつつ、自分たちの態勢を強化する』ことになっている」

「でも具体的なことは何も書かれていないんだよなぁ」

「だいたい助けに行くにしてもどうやって行くんだ。東名阪も名神も通れないぞ」

結局、北陸経由で大阪入りする社内の支援チームが結成された。どれだけ時間がかかるか分からない体力勝負なので、20代の若手が中心だ。

背を丸めて机でマニュアルを読み込んでいた課長の西が、出発直前にストップをかけた。

「若手を出して万が一事故があったら取り返しがつかないじゃないか。俺は責任を持てないぞ。ちゃんと担当役員《うえ》の決裁を取らないと出せない。労災の適用は大丈夫なのか？ 保険は？ 北陸経由はマニュアルのどこに書いてあるんだ？」

間髪を入れず、女性事務職員の熱田が大声をあげた。

「課長、何言ってるんですか、こんな時に！ できることを、すぐやる。それしかないですよ」

熱田の一喝に西は息をのみ、ゴーサインを出した。

中村は居残り組として、サプライチェーンの状況を調べることになった。愛知県内の工場には問題がない。親会社と1次部品メーカーも動いている。しかし、納入する部品の一部は大阪の下請け工場でつくっている。

＊ 西課長のようなマニュアル人間は時に、防災、減災について本気で論議する際の障害になります。非常時には、ホンネでどう問題を解決していくか。**2章「日本を終わらせないためにホンネで話した」**をお読みください。

大阪は壊滅的な状況だ。愛知の工場もこれから地震が来る可能性がある以上どうなるかは分からない。部品は国内だけでなく、世界の自動車メーカーにも出荷している。生産ラインは止められない。

今はできることをしなくてはならない。みんな、先ほどの熱田の言葉を思い出し、気持ちを前へと向けた。

「関東で代替できる工場がないか調べろ」

「代替生産ができそうなところにはすぐ準備をしてもらおう」

「愛知の工場を守らなきゃ。生産を増強して備蓄を増やしておこう」

「名古屋港にタンカーが入って来なくなったら燃料が切れる。発電できなくなったら、終わりだぞ」

「津波が来そうなところの工場からは、金型を他へ移してもらおう」

「自家発が大丈夫かどうかチェックしてくれ」

「機械の転倒防止は？」

「データのバックアップを！」

そんな大量の指示や連絡が半日、飛び交った。

一方で従業員もそれぞれに今後の生活の備えをしなければならない。この日は災害対応要員以外、営業社員のほとんどは早めの退社を促され、帰宅の途についた。

帰り道、飲み屋街は静まり返って、人っ子ひとりいない。たくさんのテナントの入ったビルも入り口のシャッターが下りていた。普段はたくさんの客であふれていたのに……。そういえば以前、自治体の耐震診断結果で「倒壊危険性が高い」とされたと、週刊誌に出ていたビルだ。

膨らむ不安の中で

「水は何とか買い足せたけど、エレベーターが止まってたから大変だったわ。緊急停止機能が付いてないから、1週間はエレベーター、使えないんだって」

みずほが台所で慌ただしく料理をしながらつぶやいた。マンションの上のほ

＊「倒壊危険度が高い」ビルの話が出ていますが、建物の危うさについては、**5章「やはり危ない建物が多い」**でじっくりと説明しました。建築の専門的なことをできるだけ分かりやすく書いたつもりです。ここには大事な問題が含まれています。

うの階に住むお年寄りも多いため、若い人が途中で荷物を運んでいる光景も目にしたという。訪問介護の現場でも、「何かあったら絶対来てよね。あなたがいなかったらやっていけないから」とお年寄りに手を握られたとみずほは話した。

「頑張りますとは言ったけど……。どうしよう、本当に津波が来たら、うまく避難させられる自信なんてないわ」

みずほは仕事中もずっと夫と子どものことが気になって仕方なかったという。学校は平常通りの授業となったが、子どもたちの行き帰りには保護者の代表が必ず付き添うことになった。期間は1週間。みずほは今年度のＰＴＡ役員だから、持ち回りで頼まれるかもしれない。

ローカル局のニュースは、今回の地震での地元の様子を伝えている。太平洋に面した愛知県南東部の渥美半島では、避難所で1週間過ごすことになった人たちがインタビューで不安な気持ちを語っていた。そして、相変わらず「Ｌ

字」の画面には、被災地の状況が刻々と映し出されている。

「地震のテレビこわい」「アニメやってないの?」

チャンネルを変えてもニュースしか放送されていないことに、みなみとみどりががっかりしたような声をあげた。

「東京のお母さんがこっちに来て子どもたちの面倒を見るよって言ってくれたけど、『今はダメ』と断ったわ。1週間は呼べないわよね。とはいえ東京も心配だし、どうしたらいいの……」

みずほが声を詰まらせた。東京でもエレベーターが止まったり、断水したりしているタワーマンションがあるという。

ネットニュースを見ると、きょうの株式市場は軒並み株価が暴落、間もなく市場取引が始まるアメリカでも不安が広がっているらしい。日本は、いや世界はどうなってしまうのか。

ぐちゃぐちゃになった棚の中を片付けていたみずほが、ふと手を止めて尋ね

＊ このシミュレーションのように、南海トラフ地震で西が先行した場合、東京には重大な影響は出ないと思います。ただ、東日本大震災の時も震源から770km離れた大阪の超高層ビルが左右に往復3メートル弱揺れたように、超高層ビルは大きく揺れて業務継続が難しくなるかもしれません。東京には首都直下地震という大きな不安要因もあります。4章「それでも東京に住みますか」に詳しく書きました。

た。

「そういえば、うちって地震保険入っているの？」

「大丈夫だ。家財保険も入っているから」

テレビには木造住宅密集地の大火災が映っている。

「千里のお義父《とう》さんとお義母《かあ》さんは大丈夫かな？」

「あそこは大丈夫だろう。うちも消火器買っておかないとな」


中村の家族はその晩から、寝間着に着替えずトレーナー姿で寝ることにした。地震で玄関が開かなくなることを考え、扉を開けたままにした。スリッパを枕元に置き、身を寄せ合って布団に入る。

「きょうは何もなかったけれど、これでよかったなんて言えないな。こんな状態が1年も2年も続いたら……」


ブーブーブー……。

再び、スマートフォンの緊急地震速報のブザー音が鳴った。

「強い揺れに注意してください（気象庁）」

慌ててスマートフォンをテレビ局のネット中継画面に切り替える。

ピロンピロンピロン……

「緊急地震速報です。強い揺れに警戒してください！」

画面には「静岡、愛知、三重、神奈川、山梨、長野、岐阜、和歌山」などの県名。震源の赤いバツ印は地図の三重県沖。


まだ揺れていない。

子どもを連れ、テーブルの下で手を握り合った。

みずほは深呼吸をした。次の瞬間に起こることに対して、自分自身を落ち着かせるために……。

1章
予知できない時代の震災対策

命を守ろうとしすぎると、社会が動かない

苦渋とジレンマの対策案

多くの人が、序章のシミュレーションのような場面に直面するかもしれません。

東日本大震災を経験した人たちは、これを読んで当時の恐怖や不安を少し思い出されたでしょう。しかし、南海トラフ地震はその何倍、場合によっては何十倍もの人的、物的被害をもたらします。まだ、直接の被害を受けていない人

たちにも、そして社会全体にも大きな不安と混乱をもたらすと感じていただけたかと思います。

今から約40年前、東海地震が予知できることを前提に大規模地震対策特別措置法（大震法）という法律ができました。気象庁の出す「地震予知情報」を受けて、総理大臣が「警戒宣言」を発し、新幹線の運行を止めるなど、あらゆる社会活動を制限。主な対象となる静岡県を事実上の「戒厳令」状態にして、2～3日以内の地震の発生を待つという仕組みでした。

後述しますが、当時は科学は万能と思ったバラ色の時代。「今は無理だけれど、10年後には予知ができる」という楽観的な空気がありました。しかし、その後の阪神・淡路大震災で地震予知への期待はしぼみ、東日本大震災で完全に砕け散ります。

一方で、我々が直面する「次の震災」は、とてつもない様相になることが分かってきました。人も建物も密集した脆弱《ぜいじゃく》な都市を、巨大な地震や津波が複合的、連続的に襲う。それは単なる「リスク」ではなく「カタストロフィー」。日本を破滅させ、全世界にも影響を及ぼす災害。それに何も手を打たなくてよいはずはありません。

東日本大震災や熊本地震を経て、国は大震法の考え方を見直し、「予知なき時代の南海トラフ地震対応」を検討することになりました。2016年6月から中央防災会議・防災対策実行会議に「南海トラフ沿いの地震観測・評価に基づく防災対応検討ワーキンググループ」を設け、基本方針を策定。これを受けて2018年3月から「南海トラフ沿いの異常な現象への防災対応検討ワーキンググループ」が立ち上がりました。どれも長々とした名称で困りますが、私は前者では委員、後者では全体を取りまとめる主査となって、ほぼ毎月の会議に臨みました。

予知はできない。でも被害は防ぎたい。防ぐためには確かな根拠がなくても、警戒を呼び掛け、人々を避難させなければならない。警戒が続けば社会はマヒし、生産は止まる。地震が来なくても「社会を殺す」ことになりかねない。

命を守ろうとすれば、社会が動かない。
社会を動かそうとすれば、命を守れない。

こんなジレンマを超えて、どう落としどころを探るのかがこのワーキンググループに与えられた課題でした。会議はすべて公開で、マスコミの記者さんたちは別室で様子を見ていました。言いたいことが言えそうで言えない、でも言わなければ前には進まない。委員の先生方も、それぞれにジレンマを抱えていたかと思います。

山本順三防災相に報告書を手渡す著者

写真／日本経済新聞社提供

２０１８年12月に報告書がまとまると、「これでようやく解放された！」。ホンネを言えば、私もそう叫びたい気持ちでした。でも、本番はこれからです。

避難「1週間」決定の舞台裏

40ページの図をご覧ください。南海トラフ地震は、１００～２００年おきに繰り返し起きています。静岡沖の駿河湾から九州の沖合までの広い領域でいっぺんに起きたこともあれば、東側と西側で、時間差で起きたこともあります。時間差も32時間後、２年後などまちまちなのが悩ましい。

12月にまとまった報告書の内容は、「『半割れ』で1週間の避難」「被害域半分でも一斉避難」「被害のない地域も避難を」などとニュースで報じられました。マスコミもどういう言葉で報じるか、なかなか苦心したようです。本書でもできるだけ分かりやすく、しかも「我がこと」として受け止めてもらおうと、冒頭を典型的な４人家族をモデルにしてシミュレーションをしてみました。そ

＊　南海トラフは静岡沖の駿河湾から九州の沖合まで続く海底のくぼ地です。トラフ（trough）は英語で海底の細長い溝状の地形のことです。プレートは少しずつ動いていて、この辺りで海側のフィリピン海プレートが、日本列島側のユーラシアプレートの下に沈み込んでいます。沈み込む海のプレートに引っ張り込まれた陸のプレートが跳ね上がるとき、地震が起きます。

こで描いたように南海トラフの西側、または東側でM8クラスの大規模地震が発生する「半割れ」のケースでは、残り半分の地域でも津波の避難が間に合わない高齢者などを事前に避難させる対策を求めました。

「残り半分」を襲う後発の地震は、すぐ起こるか、数年後に起こるかは分かりません。

報告書では世界中の過去の事例から、M8以上の地震発生後に、隣の地域でM8クラスの地震が起こった事例は15分の1程度と言っています。7日以内に起こったのは103事例中7事例。3年以内に起こったのは103事例中17事例、つまり「打率2割弱」です。地震学者からすれば、科学的な統計を基に言えるのはそこまでだそうです。

しかし、南海トラフ地震の場合はほぼ「打率10割」。いつも「ペア」あるいは「セット」の連動地震であり、「東」が打たれれば「西」も確実に打たれます。データ数が少ないので統計学的には不十分かもしれませんが、社会の対応

＊ 東海地震は警戒宣言から3日以内に来ることになっていました。3日待って来なかったらどうなるかというのは、議論はあってしかるべきでしたが、言わないできてしまいました。

＊ 南海トラフの西側に隣接する日向灘では過去に何度も地震が起きています。場合によっては南海トラフ地震が日向灘まで及ぶ可能性があるので、最大クラスの想定では日向灘まで拡大して震源域を考えています。日向灘のところには九州パラオ海嶺があるので、南海トラフ地震があっても、そこで止まるのではないかと考えられました。

過去の南海トラフ地震年表

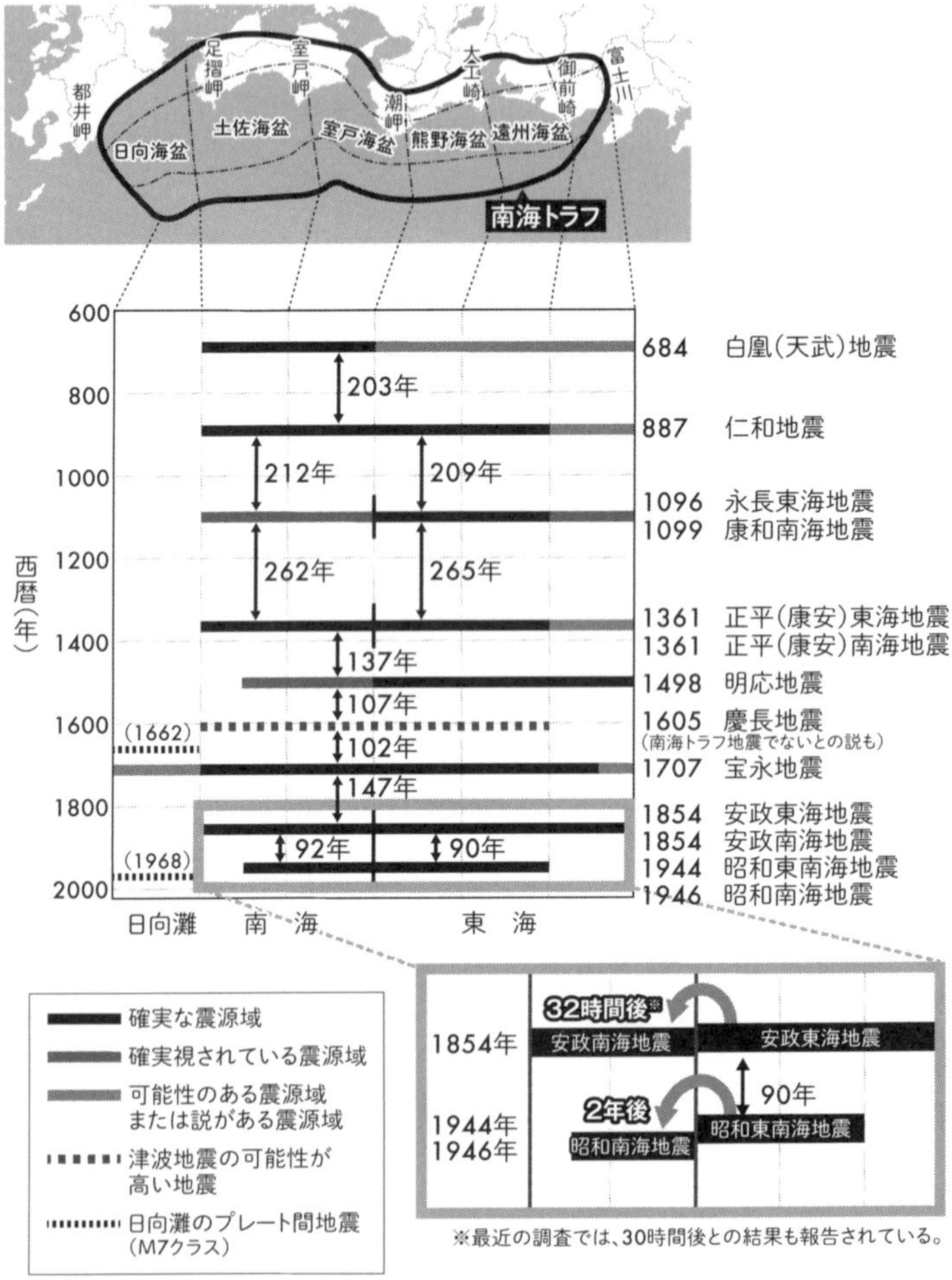

出典：内閣府　防災情報のホームページ
http://www.bousai.go.jp/jishin/nankai/taio_wg/pdf/h301211shiryo02-1.pdfの図を加工して作成

は必ず来るものとして警鐘を鳴らすのがよいというのが私の思いでした。
関係する534の市町村に対するアンケートなどから、「半割れ」後に被害のない地域も避難するなど「最も警戒する期間」を1週間と導き出しました。3日程度なら耐え忍べそうだけれど、隣の地域は地獄のようになっているので、もう少しガマンしたい。でも、2週間だと長過ぎる。1週間が社会の受忍限度だろうというわけです。ただし、それも絶対的な答えではありません。1週間が過ぎても安心していいわけではなく、さらにもう1週間は「日ごろからの地震への備えを再確認する」などの防災対応を呼び掛けます。

「半割れ」のほか、震源域の一部でM7クラスの地震が起こる「一部割れ」や、プレート境界面でいつもとは違う「ゆっくり滑り」が発生するケースも含め、計3ケースの防災対策を検討しました。気象庁はいずれかの現象を観測したときに「臨時情報」を出します。

「一部割れ」は、M8~9クラスの大規模地震と比べると、ひと回り小さい

＊「ゆっくり滑り」が分かり始めたのは、それを測れるセンサーが出たからです。ハイネット(Hi-net)という高感度の地震観測網が阪神・淡路大震災の後に全国に設置され、微小地震を精度良く観測できるようになりました。
　どうも地震というのは、「ガン!」と起きるばかりではなく、非常にゆっくり滑っていて、揺れを感じないような地震があるんだということが2000年代になってやっと計測できるようになりました。

＊東日本大震災の前にも周辺で「ゆっくり滑り」が起きていたことが、震災の後で確かめられました。

規模の地震です。東日本大震災の2日前にM7クラスの少し大きな地震があったのをご記憶でしょうか。後で本震が来て分かったのですが、東日本大震災の震源域の一部が割れて起きたそうです。ただ、過去の南海トラフ地震では一部割れは確認されていません。

「ゆっくり滑り」は、大震法で東海地震の判定基準とされた「前兆滑り」と同じ見方ですが、地震に結びついた実例はほとんどありません。半割れや一部割れは既に地震が起きている状態であるのに対して、ゆっくり滑りはまだ地震が起きていない状態。「これから来るかも」という予知情報の一種だといえます。

一部割れ、ゆっくり滑りの両者のケースとも半割れのときほどではありませんが、「日ごろからの地震への備えを再確認する」など警戒レベルを上げてもらう

南海トラフ地震異常現象の3パターン

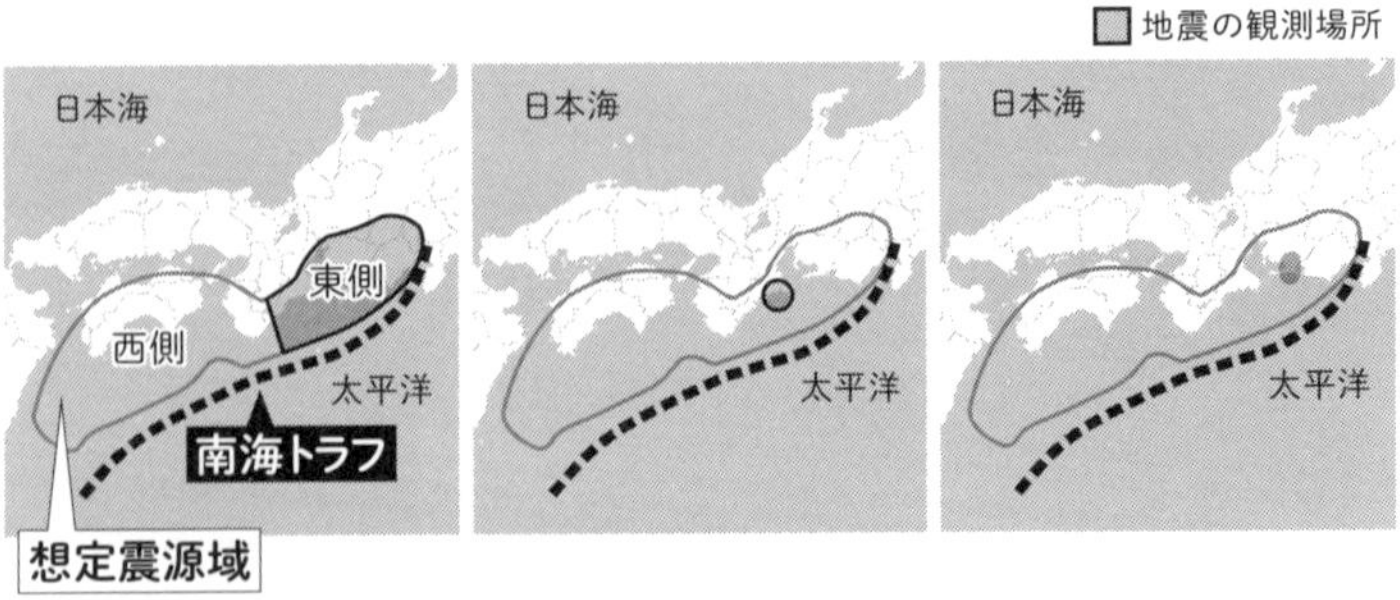

半割れ
震源域の東西のどちらかの側で大規模地震が起こる。甚大な被害
▶発生が東側の場合、西側の被災していない地域でも避難が間に合わない地域や人は、その後の地震の津波に備えて事前に避難が必要

一部割れ
震源域の一部で一回り小さい規模（M7クラス）の地震が起こる。被害は少ない
▶一斉避難を求めず、必要に応じて自主避難する。日頃の備えを再確認

ゆっくり滑り
プレートの境界面のすべりが発生（地震の体感はない）。被害はない
▶一斉避難を求めず、必要に応じて自主避難する。日頃の備えを再確認

ことにしました。

避難所はできるけれど食事は出ない

いずれも苦肉の策で、解決できない問題を含んでいます。対象地域の住民をどう避難させるべきかという問題もそうです。「東と西」を合わせた津波避難対象者は1000万人にもなります。その中で、津波からの避難が明らかに間に合わない沿岸域の住民の一部は、行政が強制的に避難させることになるでしょう。ただし、誰がどう誘導するかなどは、自治体それぞれに考えてもらわねばなりません。

半割れ時、割れ残った地方の自治体は強制的に避難させた人には避難所を開設するけれど、食事や毛布まで準備することは難しいでしょう。そんなのひどい！　と思われるかもしれません。でも想像してみてください。先行して地震が起きた被災地は地獄のようになっています。津波ですべてが流された被災者

＊　報告書は、割れ残った地方の避難所で、「食事は出ない」ことをほのめかしています。「……避難者数等によっては避難先での食料等の調達が困難となる恐れがあるため、住民は、いつ避難を開始してもいいように、日頃からの食料確保に努めるとともに、事業者が、円滑な物流機能の確保に努めるよう、国や地方公共団体は検討しておく必要がある」。明確に言えば、被災地支援で精一杯だし、行政支援にも限界があるので、「食料や毛布はあげられません」「避難所の運営も自分たちでしてください」ということを示唆しています。

が、ずぶ濡れになって食べ物や毛布を求めています。それと同じような事態が、やがてこちらでも起こるかもしれない。でも地震が来る前から、同じものを求めるのはやり過ぎでしょう。住宅はまだ流されておらず、食料や毛布を持ち出す余裕はある。コンビニやスーパーも開いているから買い物もできるのです。

それ以外の自主避難の人たちに対しても、できるだけ「知人や親戚のところに行ってください」という呼び掛けになっています。そんなこと言われても……と困ってしまうでしょうが、あまり行政がやりすぎると避難所があふれてしまう。そうすると学校も休校になってしまう。地震はいつ来るか分からないし、来ないかもしれません。とても悩ましいところです。

悩ましいと言えば津波はもちろん、土砂災害への対応もあります。

2018年の北海道胆振《いぶり》東部地震で見せつけられたように、大地震時の土砂崩れの威力はすさまじいものがあります。震度7の揺れに見舞われた厚真《あつま》町では、山がひっくり返ったように崩れ、土砂が集落になだれ込んで30人以上の犠牲者が出ました。

しかし、このような危険地帯は日本中にあります。

土砂災害は揺れると同時にドッとくるから、指定すると全部になってしまいます。また危険な場所も十分に把握できていません。すべてをカバーしていくとあまりに広域で対象人数も多すぎて、行政的に対応するのは無理だろうという結論になりました。津波はごく限られた自治体だけで対応すればいいのですが、山を入れると対象の自治体数も膨大になってしまうのです。報告書では、「人的被害発生リスクが高い地域を絞り込むのが困難である」とした上で、危険性がないわけではないので、やはりあらかじめ安全な「知人宅や親類宅」を確保しておくようになどと呼び掛けています。

住民に対しては厳しい言い方なのですが、こんなにヤバイんだということに早く気付いて事前の備えをしてもらう。それができない人たちには行政が手を差し伸べるというスタンスです。

＊　実は大震法でも、未耐震の住宅の居住者に、それほど厳しい対応は求めてはいませんでした。「3日以内に必ず来るぞ」という地震でも言えなかったのに、1週間以内に来るかどうかも分からないという地震で厳しいことは言えないという趣旨のことを報告書は示唆しています。

南海トラフ地震ではとんでもない被害になるので、本来は大震法で考えられる以上の対応を国民に求めなければならないはず。土地利用の仕方を少しずつ見直すとか、耐震化を進めるなど、何とか事前の動きにつなげるようにしたいものです。

住宅の耐震化や不燃化をしてもらわなければならない人たちも同様。基本的には自分たちで備えてくださいということです。

1週間を楽しめればいい

次の震災は必ず来て、巨大な被害をもたらす。予知はできない。対策は必要だが戒厳令のようなものを敷いて社会や経済を殺してはならない。ジレンマだらけです。正解はありません。でも、報告書を通じてある程度の問題意識を投げ掛けることはできました。

実際の情報は「基本的に空振りもありますよ」というスタンスで出されます。だけど起こり得ることは伝えられます。来るとも来ないとも言えないけれど、来たらこんなに怖いよと。ほとんどオオカミ少年です。

開き直ったように聞こえるかもしれませんが、「空振り」だったとしても、

＊ 半割れケースなどで臨時情報が出たら、私は最初の1週間も含め大学には毎日出ます。毎朝、今日の行動を家族で言い合い、居場所の確認は常にします。新幹線に乗ることや出張は控えて、できる限りスカイプなどのオンライン通信で済ませます。

避難先で普段できないことを楽しむという態度もあってよいと思います。最近は大型の台風接近が予想される地域で、事前に電車の運休決定が許されるようになりました。こうした点では国民は危険回避のための社会停止に対して大らかになってきています。早く言ってもらえることで、準備ができ安心できる。避難で「損」をしたと思わせない、逆に少し楽しくて「地震が来なくてよかったね」と言えるような仕掛けが大事です。

例えば、突然1週間の休暇をもらったと思えばいいでしょう。個人なら今までできなかった書類の整理をするとか、読んでいなかった本を読むとか、いろいろな構想を練るとか。会社や商店だったら1週間臨時休業しておいて、その後の土日で巻き返せるよう準備をしておくとか。そうやってやり過ごせば、社会の犠牲としてはそんなに大きくならないでしょう。

願わくは1週間で、まだ被害のない地域に住む人たちがみんな家具を止め、さまざまな準備をするなどそれぞれにできる限りの防災対策をとる。それに

＊ 大震法では、予知に全部の責任を押し付けて「強制的に社会を止めるから安心だ」ということでした。それより今回の対策の方が民主的です。そこまで国民は成長したといえます。
ただ、国としては考え方の手順は示します。対応がバラバラになってしまってはいけないので地域の中で考えたことを持ち寄って合意形成をする。それによって共助ができる。そんなふうに今までの公助頼りの世界からみんなが当事者意識を持って自助を進めれば、日本は大きく変わると思います。

よって次の地震は被害が最小限に食い止められるのです。
隣の地域で半割れが起きると、テレビを通して見る被災地は残る半分の地域の人々にとっては自分の将来の姿です。これはすごいことで、我がこととして防災の準備が進むはずです。仮に1年後に震災が来ても被害は激減するでしょう。

今までは「お上がやってくれるだろう」「公にやらせよう」と自分たちで考えたり行動したりするのを放棄しがちなのが実態でした。しかし、こうしてボールが投げられることで、みんなが一人ずつ考える防災、みんなで責任を持つ社会に変わるかもしれません。それは民主主義の基本であり、自律した社会づくりへの第一歩でもあります。

繰り返しますが、最終報告書に絶対的な答えは書いてありません。他にも報告書に書かなかったこと、書けなかったことが山ほどあります。本書では、私

＊ 大震法ができたころと比べると、今は、緊急地震速報はあるし、脱線防止レールはある。耐震補強もでき、社会機能を維持できる準備は進んでいます。

なりに思っていたこと、私なりの考え、そして社会への提案について書いていますが、その前にあらためて「予知なき時代」に至った社会背景を振り返り、なぜ私が今のような考えにたどり着いたのかを記してみましょう。

「バラ色」の時代を振り返る

わが国における地震予知の出発点は、1962年に公表された報告書「地震予知――現状とその推進計画」（通称・地震予知のブループリント）にさかのぼります。

1964年の東京オリンピック、1969年のアポロ11号月面着陸、1970年の大阪万博を控え、世の中が科学に夢を抱いている時代でした。地震学でも6章で詳述するプレートテクトニクス理論が確立されようとしていた科学における「バラ色」の時代です。当時の文部省をはじめ、国も地震予知を

＊　3人の地震研究者（坪井忠二、和達清夫、萩原尊禮の各氏）が世話人を務めた「地震予知計画研究グループ」によるブループリントは、予知を実現するための具体的な道筋を記し、あとがきに「地震予知がいつ実用化するか、すなわち、いつ業務として地震警報が出されるようになるか、については現在では答えられない。しかし、本計画のすべてが今日スタートすれば、10年後にはこの問に充分な信頼性をもつて答えることができるであろう」との見通しを示しました。ブループリントは「青写真」。コピー機がなかった時代、設計図は青焼きで複写しました。

石橋克彦氏「東海地方に予想される大地震の再検討」

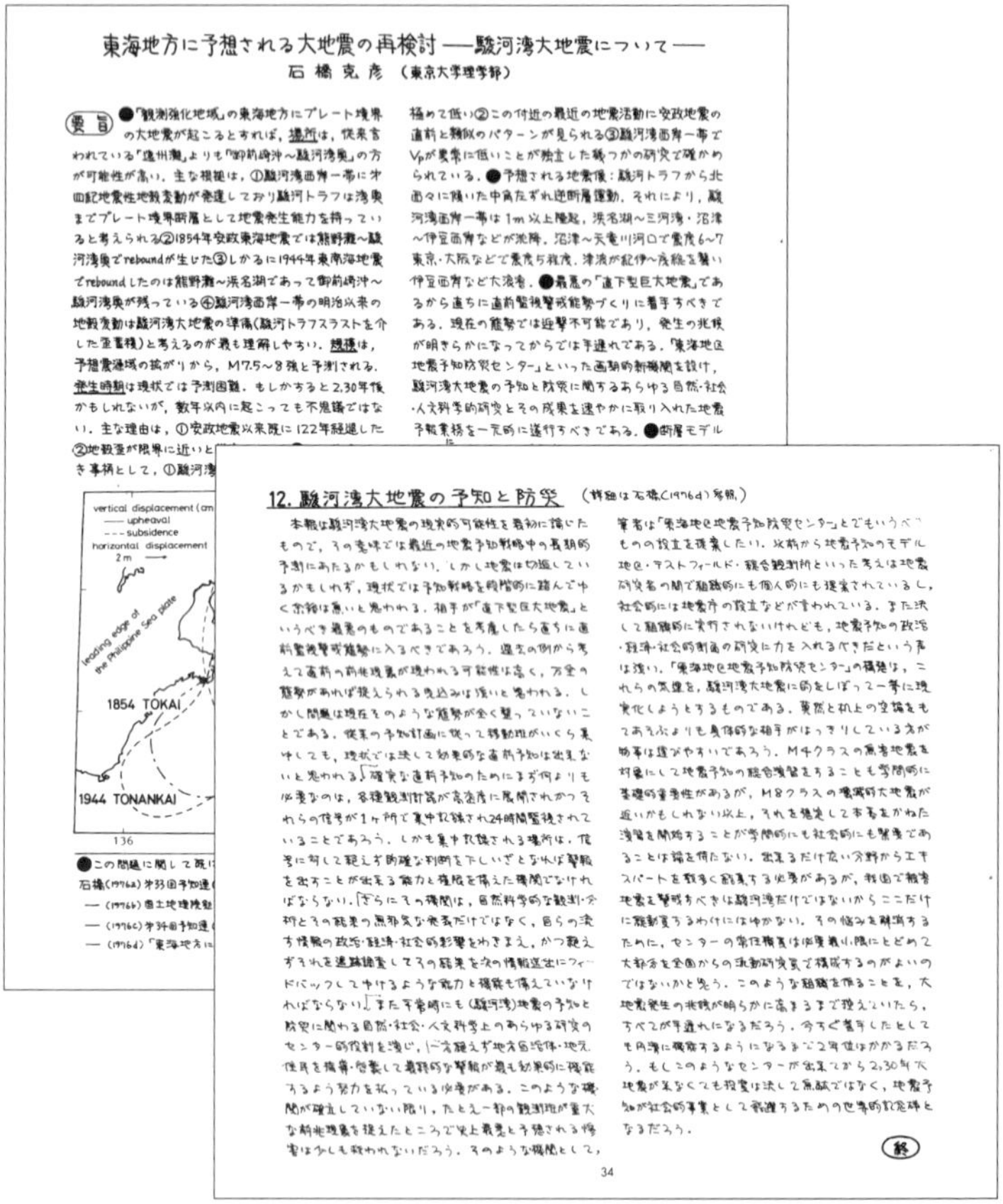

東海地方に予想される大地震の再検討 ——駿河湾大地震について——

石 橋 克 彦 （東京大学理学部）

要旨 ●「観測強化地域」の東海地方にプレート境界の大地震が起こるとすれば，場所は，従来言われている「遠州灘」よりも「御前崎沖～駿河湾奥」の方が可能性が高い．主な根拠は，①駿河湾西岸一帯に第四紀地震性地殻変動が発達しており駿河トラフは湾奥までプレート境界断層として地震発生能力を持っていると考えられる②1854年安政東海地震では熊野灘～駿河湾奥でreboundが生じた③しかるに1944年東南海地震でreboundしたのは熊野灘～浜名湖であって御前崎沖～駿河湾奥が残っている④駿河湾西岸一帯の明治以来の地殻変動は駿河湾大地震の準備（駿河トラフスラストを介した歪蓄積）と考えるのが最も理解しやすい．規模は，予想震源域の拡がりから，M7.5～8強と予測される．発生時期は現状では予測困難．もしかすると2,30年後かもしれないが，数年以内に起こっても不思議ではない．主な理由は，①安政地震以来既に122年経過した②地殻歪が限界に近いと……き事柄として，①駿河湾……極めて低い②この付近の最近の地震活動に安政地震の直前と類似のパターンが見られる③駿河湾西岸一帯でVpが異常に低いことが独立した幾つかの研究で確かめられている．●予想される地震像：駿河トラフから北西々に傾いた中角左ずれ逆断層運動．それにより，駿河湾西岸一帯は1m以上隆起，浜名湖～三河湾・沼津～伊豆西岸などが沈降．沼津～天竜川河口で震度6～7東京・大阪などで震度5程度．津波が紀伊～房総を襲い伊豆西岸など大被害．●最悪の「直下型巨大地震」であるから直ちに直前監視警戒態勢づくりに着手すべきである．現在の態勢では迎撃不可能であり，発生の兆候が明らかになってからでは手遅れである．「東海地区地震予知防災センター」といった画期的新機関を設け，駿河湾大地震の予知と防災に関するあらゆる自然・社会・人文科学的研究とその成果を速やかに取り入れた地震予報業務を一元的に遂行すべきである．●断層モデル……

●この問題に関して既に……
石橋(1976a) 第33回予知連……
— (1976b) 国土地理院……
— (1976c) 第34回予知連……
— (1976d)「東海地方に……

12. 駿河湾大地震の予知と防災 （詳細は石橋(1976d)参照）

本報は駿河湾大地震の現実的可能性を最初に論じたもので，その意味では最近の地震予知戦略中の長期的予測にあたるかもしれない．しかし地震は切迫しているかもしれず，現状では予知戦略を段階的に踏んでゆく余裕は無いと思われる．相手が「直下型巨大地震」というべき最悪のものであることを考慮したら直ちに直前監視警戒態勢に入るべきであろう．過去の例から考えて直前の前兆現象が現われる可能性は高く，万全の態勢があれば捉えられる見込みは強いと思われる．しかし問題は現在そのような態勢が全く整っていないことである．従来の予知計画に従って移動班がいくら集中しても，現状では決して効果的な直前予知は出来ないと思われる．「確実な直前予知のためにまず何よりも必要なのは，各種観測計器が高密度に展開されかつそれらの信号が1ヶ所で集中記録され24時間監視されていることであろう．しかも集中記録される場所は，信号に対して絶えず的確な判断を下しいざとなれば警報を出すことが出来る能力と権限を備えた機関でなければならない．「さらにその機関は，自然科学的な観測・分析とその結果の無邪気な発表だけではなく，自らの流す情報の政治・経済・社会的影響をわきまえ，かつ絶えずそれを追跡調査してその結果を次の情報選出にフィードバックしてゆけるような能力と機能も備えていなければならない．」また平常時にも(駿河湾)地震の予知と防災に関わる自然・社会・人文科学上のあらゆる研究のセンター的役割を演じ，「」絶えず地方自治体・地元住民を指導・啓発して最終的な警報が最も効果的に機能するよう努力を払っている必要がある．このような機関が確立していない限り，たとえ一部の観測班が重大な前兆現象を捉えたところで史上最悪と予想される惨害は少しも救われないだろう．そのような機関として，筆者は「東海地区地震予知防災センター」とでもいうべきものの設立を提案したい．以前から地震予知のモデル地区・テストフィールド・総合観測所といった考えは地震研究者の間で組織的にも個人的にも提案されているし，社会的には地震庁の設立などが言われている．また決して組織的に実行されないけれども，地震予知の政治・経済・社会的側面の研究に力を入れるべきだという声は強い．「東海地区地震予知防災センター」の構想は，これらの気運を，駿河湾大地震に的をしぼって一挙に現実化しようとするものである．漠然と机上の空論をもてあそぶよりも具体的な相手がはっきりしている方が物事は運びやすいであろう．M4クラスの無害地震を対象にして地震予知の総合演習をすることも学問的に基礎的重要性があるが，M8クラスの壊滅的大地震が近いかもしれない以上，それを想定して本番をかねた演習を開始することが学問的にも社会的にも緊要であることは論を待たない．出来るだけ広い分野からエキスパートを数多く結集する必要があるが，我国で被害地震を警戒すべきは駿河湾だけではないからここだけに総動員するわけにはゆかない．その悩みを解消するために，センターの常任職員は必要最小限にとどめて大部分を全国からの流動研究員で構成するのがよいのではないかと思う．このような組織を作ることを，大地震発生の兆候が明らかに高まるまで控えていたら，すべてが手遅れになるだろう．今すぐ着手したとしても円滑に機能するようになるまで2年位はかかるだろう．もしこのようなセンターが出来てから2,30年大地震が来なくても投資は決して無駄ではなく，地震予知が社会的事業として離陸するための世界的記念碑となるだろう．

（終）

34

「昭和51年度地震学会秋季大会講演予稿集」から

＊石橋氏はこの論文で、平常時に地震の予知と研究に関わる自然・社会・人文科学上のあらゆる研究センター的役割を演じる東海地区地震予知防災センターの設立を提案しています。今まさに、必要とされていることです。

科学技術の前面に押し出していました。地殻変動で海底に沈み始めた日本列島から日本人を救い出す小松左京のSF小説『日本沈没』が出版されたのはこの少し後です。

こうした流れの中で1976年、「東海地震説」が提唱されました。

実は、提唱者の石橋克彦氏（現・神戸大学名誉教授）は「東海地震説」とはっきり言っていたわけではありません。

石橋氏は、過去の海溝型地震を丹念に調べ、江戸時代末期の安政「東海地震」は静岡県の駿河湾の奥までが震源域だったのに、その90年後の昭和の地震では震源域が駿河湾まで至らなかった、つまり岩盤の「割れ残り」があると指摘しました。安政「東海地震」の東が割れ残った。それがいつ大地震を引き起こしてもおかしくない。石橋氏が本当に警告したのは東海地震そのものではなく、その一部の「駿河湾地震」と言えるようなものだったのです。

しかし、昭和の地震が「東南海地震」で、次に来そうなのは「東海地震」だ

＊ 大陸の移動を裏付けたプレートテクトニクスはあまりにも鮮明にいろんなことを解明しました。学者も自信を持ちますよね。予知ぐらいできるようになると感じても不思議ではありません。

＊ 東海地方の定義は余りはっきりしていません。愛知・岐阜・三重・静岡の4県を指すことが多いですが、愛知・岐阜・三重、愛知・岐阜・静岡を指す場合もあります。いずれにしても駿河湾一帯よりはるかに広い地域を指します。

となってしまった。ややこしいですよね。足し算の名前だった東海地震が、引き算の名前になった。混乱の一つがここにあります。

「東海地震説」は独り歩きして、ものすごくセンセーショナルに受け止められました。その2年前には伊豆半島沖地震が発生していたこともあり、静岡県の人たちの不安はメチャクチャに大きかったと思われます。

当時の静岡県知事や静岡選出の国会議員は、それぞれ地震対策法案の立法化を急ぎました。そのさなかの1978年には伊豆大島近海地震が発生。1976年の河津地震も含め、三つ立て続けに地震が起きました。これが当時の福田赳夫首相や国土庁長官の決断を促し、1978年6月に大震法が成立することになりました。

大震法に基づいて「警戒宣言」が出されると、戒厳令のような規制が行われます。東海道新幹線、在来線は停止。東名高速も閉鎖。銀行も閉鎖されることになりました。

＊ 大震法ができたとき、私は大学生でしたが、東海地震の判定会を開くのに、委員がパトカーで集まると聞いて、そんなことができるんだ、すごいなあと思いました。

前述の科学技術全般への期待感に加えて、前年の1975年には中国の海城地震で実際に予知が成功したとされていました。また、このころは大学紛争の時代で、優秀な地震学者が米国に行ってしまっていました。

科学技術の進展が急で、科学者の熱い思いが政治も動かせる雰囲気があった。予知への希望を持って、新しい法律をつくった。そういう意味で、大震法は時代そのものがつくりあげたとも言えます。これができなかったら、社会の混乱も収まっていなかったでしょう。

結果として、大震法は静岡県の防災対策をものすごく進めました。観測網の整備で地震の科学もすごく進んだので、プラスの点は少なくありません。

今、大震法をつくった、当時の人たちを一方的に批判するのはおかしいでしょう。「できない理由」ばかり探して、何もしなくなってしまった今よりは前向きでマシだとも思います。

＊ 海城地震は中国・遼寧省の海城市近くで1975年2月に発生したM7・3の地震。予知に成功し、多くの人命が救われたと伝えられました。

「口実としての予知」から脱却

東海地震の見直しから南海トラフへ

一方で、大震法によるマイナス面も確かにありました。静岡県にだけ予算が注ぎ込まれて対策が進むのに対して、他の地域はのんびりしてしまいました。学者も東海地震の予知を唱えれば研究費を手にできました。これは「予知が大好き」だったマスコミも同罪です。

「予知ができるから事前に逃げればいい。だから耐震化なんかしなくていい」と、都合のよい口実にされていた面も否めません。東海地震だけが特別扱いされ、「予知」のキーワードに社会がおぶさってしまったのです。

こうした弊害があらわになったのが1995年の阪神・淡路大震災と言えます。無防備だった神戸の街がメチャメチャになった大きな反省から、大震法の強化地域に限らず、全国各地で防災の財政措置を進める地震防災対策特別措置法がつくられました。これは震災の年に成立し、5年ごとに見直しをしています。この法律に基づいて地震調査研究推進本部もできました。

そして、決定的に風向きが変わったのは2001年のことです。政府に新しく内閣府がつくられ、中央防災会議が国土庁から内閣府の所管に変わりました。

そのときに当時の森喜朗首相が「東海地震の問題が出て25年も経つんだから、現代の科学的知見で見直しなさい」と指示しました。それまでほとんど開かれていなかった中央防災会議が開催されるようになり、専門調査会がつくられました。

専門調査会では、「東海地震とはなんぞや」という根本的な議論もされました。

＊ もし予知できないのであれば、地震学者がもっと早くから「できない」と言わなければなりませんでした。予知ができることにしていたし、前兆滑りがあることになっていた。岩石試験だと前兆滑りがあったので、それと同じ現象があるということを前提にしていたのだと思います。

一度決めたことを変えるのは大変です。私たち建築の専門家も他人のことを言えなくて、建築の耐震基準だって具合の悪いところがありますが、それについて直すという意思決定に持っていくのは並大抵の努力ではできない。当事者だけの力では無理で、社会からチクチクと指摘してもらわなければならないでしょう。

「東南海地震はどこまで滑っていたのだろう」「どこが考えるべき震源のエリアなんだろう」など……。

その結果、震源域は静岡から西になすび型に広がり、静岡県と隣接県の一部がチョロっと入っていた程度だった地震防災対策強化地域が、一気に名古屋市や三重県にまで拡大しました。

これはまた大変だと、大騒ぎになりました。静岡だけだったら、交通機関を全部止めてもなんとかなったのです。しかし名古屋まで含むと、警戒宣言が出て鉄道が止まったら多くの市民が帰宅困難に陥ってしまいます。そこで警戒宣言という赤信号に加えて注意情報という黄信号などが加わりました。

さらに、「東海地震より東南海、南海の方がずっと心配じゃないか」という話にもなりました。昭和の東南海地震から50年以上が経ち、阪神・淡路のような内陸の地震も増えてくれば、30年後ぐらいには南海トラフ一帯で巨大地震が起こるかもしれない。こんな見方が強まり、東南海と南海地震についても被害予測調査をやるこ

＊ 東京帝国大学教授だった今村明恒は戦前から南海地震を警告していました。しかし、当時はプレート境界という概念はなく、今村も南海地震や東海地震が繰り返し起きていたということを歴史地震資料で調べ気がつきました。

海溝とかトラフが見つかったのは戦時中。南海トラフ地震が言われるようになったのはプレートテクトニクス理論が出てきてから。南海トラフというキーワードが一般的に出てきたのは21世紀になってからです。

とになりました。東海地震の見直しがきっかけとなって東南海、南海が注目されたのです。これは意外な副産物のようなものでしたが、結果的によかったと思います。

この前後、2000年から2005年ごろまで、静岡の浜名湖直下でプレートがゆっくりと滑る「スロースリップ」が観測されました。これが大地震の「前兆滑り」だとして、もうすぐ東海地震が来ると緊張が走りましたが、結果的に何も起こりませんでした。予知への期待感はどんどんしぼんでいきました。そんなところに、今度は何の前触れもなく「3・11」を迎えました。

しかし、いずれの時点でも大震法は根本的に見直されず、東南海・南海も、首都直下、日本海溝・千島海溝、南海トラフも個別の特措法での対応になっています。

人間は過去に決めたことを変えるのが本当に苦手なようです。東海、東南海、南海は全部セットの地震なのに、法律は別々という矛盾は、もう清算せざるを得ないところまで来ているのが日本の現状なのです。

「ラクイラ」の意外な衝撃

一方、世界では地震予知をめぐって、ある「事件」が起こりました。２００９年にイタリア中部のラクイラ地方を襲った地震、いわゆる「ラクイラ地震」です。

規模はＭ６・３と決して大きくはない地震でしたが、建物の激しい倒壊などで３００人以上が死亡しました。しかし、地震の被害以上に衝撃的だったのは、この地震発生に警告を出さなかったとして、地震学者らが過失致死罪で刑事告訴されたことです。

この地方では群発地震が活発化していましたが、政府の専門家の委員会は本震の６日前に検討の会議を開いた上で「大地震の危険はない」と記者会見までして発表しました。実際には行政官が主導して「安全宣言」を出したので、一審で有罪となった学者は二審で無罪となったのですが、どちらにしてもこの事件は世界中の地震学者を慌てさせました。科学者が地震予知をめぐって裁判に巻き込まれるなんて、想像もしていなかったでしょうから。

＊ ラクイラのように「このままでいくと世の中がパニックになる」という状況は、南海トラフ地震の臨時情報のときにもあるかもしれません。
もしも臨時情報が出たときに日本がバタバタして、海外のタンカーが入ってこなかったら日本は2〜3週間で終わってしまいます。そのときは正確かつ冷静な情報で少し社会を落ち着かせる必要があるだろうなと思います。

ラクイラの一件が影響して、科学的に分かっていることの少なさから「責任の伴うことはやりたくない」と、多くの学者が思い始めたはずです。

地震予知のような理学的研究は、責任がどうとか、社会的意義がどうというよりは、言葉は悪いですが学者が「面白い」と感じるからやっているのだと思います。それが急に責任を取らされる、社会的責務を被せられるとなったら、みんな逃げていってしまう。自分たちの実力では何も言えない、イヤな時代になったなあというのがホンネだと思います。

日本には「御用学者」という言葉があります。解釈はそれぞれでしょうが、自分たちのやりたい研究を続けたい学者、それを利用したい行政側、お互い持ちつ持たれつの面があります。それがラクイラの裁判や福島の原発

ラクイラ地震で裁判所に出廷した地震専門家

写真／AFP＝時事

事故が起きて、みんな逃げ出したくなったようです。

ここで問われているのは、学者と行政との関係です。行政と離れて「べき論」を言うことも大切です。ですが一方では、行政と近くないと対策は動かせない。行政の近くにいながらベターな方策を探すというやり方もあります。その意味で、行政とつながるのは悪いことではありません。ただ、イエスマンになりすぎるのはダメ。行政の動きをチェックしつつ、より良い方向に持っていく学者が必要なのだと思います。

腹をくくって問題提起

私がワーキンググループの主査を任せられたとき、正直「困ったなあ」と思いました。

ジレンマだらけのテーマで、簡単に答えが見つかるはずはありません。でも、南海トラフ地震が来たら、私は名古屋という被災地の当事者になる。「逃げられないな」という思いもありました。

課されたのは誰も責任をとれない、確実な情報も出せない中での「より良い答えの落としどころ」づくりです。こんなことは、ちゃんとした研究の学者は得手ではないから、ちょっと社会経験があって研究者っぽくない私にお鉢が回ってきたんだなと、考えることにしました。

問題は山積みでしたが、地震が切迫していると言われる中でズルズル時間をかけてもダメ。すみやかにまとめることが大事でした。しかし、必要以上に無理をして、形だけの合意をとるのはよくない。急ぐ代わりに、モデル地区で丁寧に議論する。詳細な議論は後で行うことにし、大きな方針を示すまでにする。国として基本的な合意事項は示しつつ、後は企業や自治体、住民に「このときはここまでやろう」「ここまではやらないでおこう」と当事者意識を持ってもらい、小さな合意形成を積み上げてほしいという思いでまとめました。

＊ かつて、「国民はバカだから」と官僚は全部、考えようとしていました。その官僚もだんだん勉強しなくなりました。メディアも、国の将来を憂えるわけではなく、その場しのぎの報道ばかりするようになりました。国もメディアも昔ほどしっかりしていないのだから、国民の側が頑張るしかありません。

＊ 大規模地震対策特別措置法の「予知前提」は見直されましたが、法そのものがなくなったわけではありません。完全凍結し、今後は防災基本計画の見直しで運用を変えていく見込みです。

農耕民族の日本人には、もともと合意社会があり、地域共助社会がありました。それが戦後、公助が前提、他人任せの社会になってしまいました。

命を守りつつ、社会を動かす。社会を動かすといっても、キラキラのシャンデリアの下でごちそうを食べる必要はないよね、ジェットコースターに乗る必要はないよね、といった感じで、どこかに落としどころは見つかるでしょう。どの辺りまでガマンができるか、ガマンができる範囲を合意していくことです。

人は1人では生きていけないよね、みんなが必要な部分は絶対に止めてはいけないよねという合意ができれば、ライフラインはもちろん、デイサービスや保育園をどうやって開けておこうかという話になります。コンビニも、アルバイトが来られなかったときにはどうすればいいでしょうか。

臨時情報が出たら社会の動き方を少しゆっくりにしてもいいでしょう。新幹線のスピードを2割落とせばすごく安全になるなら、やってもいいでしょう。ほんの

＊　2018年末のワーキンググループの報告書を受けて、まずは、国が防災基本計画の見直しを行います。

それに伴い、地方自治体は地域防災計画の見直しを行います。また、国や自治体、指定公共機関は南海トラフ地震防災対策推進計画、百貨店等不特定多数の者が出入りする施設等の管理者・運営者等は南海トラフ地震防災対策計画を見直すことになるとみられます。

2020年度のしかるべき時期から運用開始になる見込みです。

ちょっとの工夫で、社会の安全度は格段に上がります。少しの社会合意がとれるだけで、ずいぶん多くの命を守れるはずなのです。

書けなかった「安全保障としての震災対策」

報告書にはもっとヤバイことも書いてよかったのかもしれませんが、私は基本的な方針をつくった後で、社会が本気で考えてから議論すべきだ、と思いました。

例えば、石油タンカーやＬＮＧタンカーが長期間入ってこないときにどうするかとか、地震保険はどうするとか、為替相場が混乱することとか、法的責任をどうするかとか。そういうちょっと微妙な問題で関係者との調整にも時間を要することは、盛り込まれていません。

今回の検討の目的は、住民や企業を救うためで、国家を救う観点はあまりありま

＊「臨時情報」が出たときの地震保険の問題は難題です。
　たとえ警戒期間の最初の1週間は地震保険加入を凍結したとしても、ずっとというわけにはいかないでしょう。凍結が解除されたら、みんな地震保険に入ろうとする可能性があります。そのときに支払金総額などをすみやかに見直す必要があります。

せんでした。しかし、いわば「安全保障としての震災対策」は重大な問題です。

安全保障というのは、武力攻撃のリスクだけではありません。特に日本では、大きな地震が戦争の引き金となってきました。また、災害で元号が変わることを「災《さい》異《い》改元《かいげん》」と言います。文禄から慶長、元禄から宝永、嘉永から安政……。大災害で混乱した世を立て直そうと改元されました。今はその制度はありませんが、日本という国のあり方と災害は、それほど切り離せないものなのです。

日本の国家をいかに守るか、次の世代にどう社会をつなぐのか。政治家は案外、語りたがりません。「南海トラフの悲惨」をあまり国民に見せてしまうと、「何を言ってるんだ」と叱られるし、今の政策もひっくり返ってしまいます。水道の民営化も電力の自由化も、高齢者中心の社会福祉政策もしにくくなってしまいます。

言えば言うほど、日本の評価が下がってしまう問題です。夢のある話ではありません。江東デルタ地帯でやろうとしている東京オリンピック・パラリンピックも止

＊「臨時情報」が外れ地震がなかった場合、産業上の損失について国や自治体の法的責任はどうなるでしょうか。

作業部会では議論はされていませんが、もともと臨時情報が出ても確実に起きるわけではないと言っているので、法的責任はないと思います。

臨時情報が出て、実際に地震が来たケースで、対象地域の不特定多数の利用する耐震性が不十分な建物で人的被害が出たら法的責任はどうなるでしょうか。

これも議論はされていませんが、一番、気になることです。建築主が、耐震性が不十分であることを周知していれば利用者の自己責任だと考えられます。周知していなければ建築主の責任が論議されるかもしれません。

まってしまうし、埋立地での大阪万博もできなくなってしまう。

危険なところに超高層ビルを建て、デベロッパーが儲け、そのお金が政治に流れていくようなシステムは成り立たなくなる。お金儲けの立場からは、言ってほしくない、見たくない部分がいっぱい。見たら、いろいろ不都合になるでしょう。でも、見なければなりません。

誰もが無縁ではいられない

実は、南海トラフ地震は東京も無縁ではないのです。

震源が西日本でも、東京の超高層ビルは相当揺れるでしょう。場所によっては東日本大震災のとき以上かもしれません。

エレベーターはメチャクチャ止まります。帰宅困難者が大量に発生するでしょう。首都の大事な機能は超高層ビルの中に入っているから、影響は拡散していきます。

軟弱地盤の湾岸は液状化して、東日本大震災のときのように石油コンビナートが炎

＊ 過去も東海、東南海、南海地震の前後には東京周辺で地震がありました。すでに東側で東日本大震災が起こり、そこに西側で南海トラフ地震が起これば、地殻内のひずみが変化するので、首都直下地震も起こりやすくなるかもしれません。首都周辺だけでなく、日本中で内陸の直下型地震がバンバン来るぞと覚悟しなければならなくなります。

上する事態もあり得るでしょう。

現在の東京の生活は相当、西日本に頼っています。自動車や機械、電機、食料や日用品、などなど……。西日本での地震によって東京を支えている多くの部分が苦しくなります。

その上で東京の役割は、全力で西日本の被災地を救うことです。医療機関が集中しているので、力を発揮してもらわねばなりません。ホテルもたくさんありますから、被災者に開放してあげてほしい。しかし、人口が過密で被災者を長期的に受け入れる余力はないので、東北や北陸、山陰などの地域と連携して避難先の手配をする必要があるでしょう。

そんな中で大事なのは、「防災対策は万全にできているから大丈夫だ」と国内外に言えることです。社会が混乱せず、冷静に対応していると見せつけること。自動車メーカーは粛々と生産を続けられること。タンカーも堂々と入って来られるように港湾を安全にしておくこと。

産業のカギを握る中部経済界では、かなり検討が進んでいます。20年ほど前「うちはとても安全な場所にあるので、大きな揺れに見舞われないという一文に印鑑を押してください」と私に言ってきた会社があります。激怒しました。その土地は確かに安全そうですが、「耐震補強をやらなくていいという理由に使ってはダメです。そんなことを御社がやったら、それが標準になって誰も耐震化しなくなる。絶対にハンコなんて押せない」と言って追い返しました。ある社から講演を頼まれたとき、「御社の耐震の話をする」と申し上げたらキャンセルになったこともあります。講演会でこの種の話をしたら激怒したゼネコンの営業マンもいました。

かつてこの種の話はたくさんありました。でも、今はみな本気になり、まったく様子が変わりました。

私はホンネの防災をホンキで実行することを訴えてきました。活動は徐々に広がり、長周期地震動対策も見直され、南海トラフの報告書も形になりました。日本人も捨てたものではない……と思いつつ、災害のたびに露呈する社会の脆弱さや、後から後から出てくる企業の不祥事を耳にするにつれ、まだまだ何かが足りないと痛感させられます。

ホンネで防災を語ることは、社会の具合の悪いところを見つけ、直していくことなのです。

本音で語り、本質を見抜き、本気で実践する。

三本の矢ならぬ、「三つの本」をそろえなければならないようです。

その可能性を、次章から検証していきます。

＊ 大震法の考え方の見直しは遅すぎたでしょうか？ 私は南海トラフ地震が起きる前にできたのは、日本としてはすごいことだと思います。

2章
日本を終わらせないためにホンネで話した

なぜホンネを言わない社会になったのか

大阪北部地震の「震度インフレ」

2018年6月18日、大阪府北部でマグニチュード6・1の地震が発生し、最大震度6弱の揺れが大都市・大阪を襲いました。

この大阪北部地震での人的被害は死者6人、負傷者443人。住家被害は全

＊ 大阪北部地震＝2018年6月18日午前7時58分ごろ発生、大阪府北部を震源とし、大阪市北区や高槻市などで震度6弱、京都市などで震度5強の揺れを観測しました。気象庁によると、震源の深さは13キロ、地震の規模（マグニチュード）は6・1と推定されます。

壊18棟、半壊517棟、一部損壊5万7787棟とされています（消防庁2018年11月6日）。マグニチュードや最大震度の割には大きな被害です。

一方、1995年の阪神・淡路大震災では最大震度7の揺れによって死者6434人、行方不明者3人、負傷者4万3792人。住家被害は全壊10万4906棟、半壊14万4274棟、一部損壊39万506棟に上りました。死亡者数などは、今回の大阪北部地震の約1000倍にもなります。

しかし当時、大阪府の震度は大阪管区気象台のある大手前の1点だけで観測していたため大阪府の最大震度は「4」となりました。実際にはもっと大きく揺れた地点が、大阪府内にもたくさんあったはずです。被害は大阪府だけで死者31人、全壊895棟など、大阪北部地震よりもはるかに大きいものでした。

その後、府内には88の震度観測点が整備されました。その結果、大阪北部地震の最大震度は「6弱」を記録したわけです。大手前の観測値は、23年前の阪神・淡路大震災の時の方がずっと大きな揺れだったのに、今回の大阪北部地震の際には「観測史上初めての震度6弱の揺れ」と大々的に報じられました。これでは耐震化が進んだことで、強い揺れでも被害が減ったと誤解してしまいます。何とも違和感を覚えます。震度観測の稠密《ちゅうみつ》化による「震度のインフレ」と言えそうです。

あえて言いますが、「この程度」の地震で6人もの尊い命が亡くなったことはとても残念です。亡くなった原因は、ブロック塀の倒壊や家具の転倒。いずれも過去の地震災害で言い古されてきた課題ばかりでした。ちゃんとやるべきことをやっていなかったために、被害が出てしまったということになりそうです。

なぜ、そんなこともやっていなかったのか。

そう批判する人もいますが、みんな、地震を自分ごととして考えてきたでしょうか。

この地震で児童が学校のブロック塀の下敷きになった事故の直後、記者が、

「なぜブロック塀が直っていなかったのか」

と聞いてきました。私は、

「それはマスコミがブロックの問題を取り上げなかったからではないでしょうか。取り上げれば、国、そして府がもっと動いていたかもしれません」

と話しました。限られた予算であれば、校舎の耐震化、体育館の天井落下防止が優先されます。批判は容易ですが、要はどう実現するかです。

大都市はメチャクチャ華奢でもろい

大阪北部地震では、インフラや経済活動にも多大な影響が及びました。早朝の時間帯に交通機関が止まり、出勤できない人が続出。エレベーターは

6万6000基が停止。物流も滞り、産業部品が届かず工場の停止が相次ぎました。経済損失は1800億円に上ったという試算があります。

停電は短時間で済んだものの、ガスが11万戸強、約1週間にわたって止まりました。その数は大阪ガスの契約世帯の約5％です。後述しますが、ガス業界は阪神・淡路大震災の教訓を生かし、多重の対策を施してきました。供給エリアのブロック化などの対策が功を奏し、大阪ガスをはじめ全国の応援業者が頑張って復旧作業を進めました。遅すぎたとの批判もありますが、約1週間での再開はよくやったと思います。

しかし、これを南海トラフ地震に当てはめて考えると、相当にヤバイことが分かります。

大阪北部地震による帰宅困難者

写真／時事

震度は大阪全域で「6」以上になります。そうすると、ガスは今回の20倍が止まります。同時に他地域もやられるので、今までように他の地方からの応援は来てもらえないでしょう。さらに電気、水、燃料、道路が寸断され、いつまでも復旧のめどがつきません。大都市の生命線であるライフラインが断ち切られたままでは、地震で生き残っても、たくさんの人がどんどん死んでいきます。社会が崩壊し、被害はすさまじいものになることを、あらためて覚悟しなければなりません。

保険金額「歴代3位」のカラクリ

大阪の地震で、私がさらにびっくりしたのはお金の話。地震保険の支払い保険金額の大きさです。

日本損害保険協会によると、大阪北部地震から約半年が経った12月11日時点で、地震保険の支払い件数は14万4029件、支払い保険金は約1033億円

＊　地震や噴火、津波などで生じた建物の火災や損壊は、火災保険そのものでは保障されず、付帯されている地震保険を契約する必要があります。保険金額は火災保険の半額までで、全額補償はされません。

に達しました。

この金額は2011年の東日本大震災時の1兆2795億円、16年の熊本地震の3824億円に続き過去3番目の多さ、そして阪神・淡路大震災の783億円を上回ります。

阪神・淡路と比べ被害ははるかに小さいのに、大阪北部地震ではなぜ保険金額がこれほど大きく膨らんだのでしょうか。

大阪北部地震での地震保険の事故（被害）受付件数は約18万件。約8割を大阪府が占めています。大阪府の地震保険の保有契約件数は約140万件ですから、契約者の約1割が支払い請求をしたと考えられます。

そのうち実際に保険金が支払われた支払い件数は14万4029件でした。残りの約3万5000件、全

過去の大きな地震による地震保険一覧（支払額順）

	地震名等	発生年月日	支払保険金（単位：億円）
1	東日本大震災	2011年3月11日	12,795
2	熊本地震	2016年4月14日、16日	3,824
3	大阪北部地震※※	2018年6月18日	1,033
4	阪神・淡路大震災	1995年1月17日	783
5	北海道地震※※	2018年9月6日	338
6	宮城県沖地震※	2011年4月7日	324
7	福岡県西方沖地震	2005年3月20日	170
8	芸予地震	2001年3月24日	169
9	新潟県中越地震	2004年10月23日	149
10	新潟県中越沖地震	2007年7月16日	82
11	福岡県西方沖地震	2005年4月20日	64
12	2003年十勝沖地震	2003年9月26日	60

出典：日本損害保険協会ホームページ掲載の表を加工しました。

※日本地震再保険株式会社調べ（2018年3月31日現在）。
※※大阪北部地震、北海道地震は、一般社団法人日本損害保険協会調べ（2018年12月11日現在）。

体の2割程度は無責（保険会社に支払い責任がない）と判断され、支払いが行われなかったようです。

現在の地震保険の支払い限度額は建物5000万円、家財1000万円で、損傷の度合いによる保険額は「全損」が契約金額の100％、「大半損」が同60％、「小半損」が同30％、「一部損」が同5％です。

今回の支払い保険金の総額約1033億円から計算すると、1件当たりの支払いは72万円程度。ほとんどの請求が被害の小さい一部損や家財だったと考えられます。

2017年度の地震保険の加入率は、全国平均が31・2％で、大阪府は32・2％です。保険に入っていなかった家屋も含めると、一部損の家屋数が40万棟強に及びます（家屋だけでなく家財の損害についても保険金は支払われますが、ここではこれを無視して計算しました）。これに対し、自治体が罹災証明書で認定した「一部損壊」家屋数は5万棟余りです。なぜ保険の認定の方が1ケタも多いのでしょう。

このままではヤバイ地震保険

自治体の罹災証明で認定される全壊や半壊の家屋は、災害救助法や被災者生活再建支援法により多くの公的支援が受けられます。しかし一部損壊は支援の対象外です。少しの被害なら自治体に罹災証明を請求してもメリットがない。だから自治体の把握する一部損壊数は過小評価されているのでしょう。

これに対し、「一部損」でも5％の保険金が支払われる地震保険は、契約者の多くが支払い請求をしたはずです。保険会社もそれを分かっているので、契約者に個別に連絡を取って請求を促していたという話も聞かれます。

南海トラフ地震の最悪の家屋被害想定は、全壊240万棟、半壊260万棟

＊　地震保険の支払限度額は、関東大震災と同規模の被害の地震が起きることを想定し、保険加入者全員に支払うことを前提に設定されています。地震が「関東大震災以上」だったときも全体の支払限度額は変わりません。つまり、一人当たりの支払いは減額されます。南海トラフ地震の被害規模は支払限度額を上回る可能性があります。そうなれば保険金は満額もらえません。

です。

この被害を地震保険金の支払いで計算してみると、地震保険金額が1500万円、加入率が30％だとすると、全半壊の建物だけでも20兆円くらいが必要になります。これは現在の地震保険の総支払限度額11・3兆円をはるかに超えてしまう額。

これに膨大な一部損壊や家財の支払保険金を加えると……。

そもそも保険金支払いには被害認定が必要ですが、膨大な建物の損壊程度を調べるのにどれだけの時間がかかるか……。

さらに、前章（63ページ下段）で書いたように南海トラフ地震の「臨時情報」発表時には、地震保険の「駆け込み加入」が殺到すると思われます。そうしたときの対処は、まだ保険会社もきちんと考えていないようです。

ちなみに2017年度末の地震保険の積立金は1兆8718億円ですから、

限度額の11・3兆円を支払うとしても、政府から10兆円弱の借り入れをしなくてはなりません。これは次の世代にツケを回すことになります。

こんなヤバイことを、誰かがちゃんと警告してくれているでしょうか？南海トラフ地震のような巨大な災害では、地震保険に頼るのではなく、耐震化などの事前防災を進めるしかありません。

なぜ本当のことを言ってくれる人が少ないのでしょうか。

それは、私たちが多くのことを人任せにしているからです。そして、本当のこと――「ホンネを言えない社会」をつくってしまったからです。

地震保険だけではありません。

たった1本の橋に船がぶつかり孤立した関西空港も、地震による北海道の「ブラックアウト」も、事前には「ダイジョーブ」ということになっていたと思います。

みんな社長や株主に見せるための「ウチはダイジョーブ」という見栄えのいいBCP（事業継続計画）をつくり、不都合なことに目をつぶる。自分の組織の外のインフラや取引先や顧客が、災害時にどうなっているかを考えていない。

みんなタテマエでしか考えていないからです。防災はホンネで考えないとまったく意味がない。入り組んだ問題ですが、防災を語るのに避けて通れない問題でもあります。その構造をときほぐしてみましょう。

「西三河」から動き出した

『次の震災について本当のことを話してみよう。』という本で、私は企業や行政の防災担当者がホンネで語

関西空港の連絡橋にタンカーが衝突

写真／時事（関西空港海上保安航空基地提供）

り合う「ホンネの会」という場を、地元名古屋で立ち上げた話を書きました。入会資格は「自分の組織の悪い所を正直に話すこと」「嘘をつかないこと」の二つです。最初は４人の飲み会から始まったのですが、今ではインフラ産業や自動車産業など70組織ぐらいが集まる会に発展しました。

そもそも、なぜそんな場を設ける必要があったのかをお話ししましょう。

私が住んでいる愛知県は、ご存知の通り、自動車を中心とした製造業の一大拠点です。

特に「西三河」と呼ばれる地方は、戦乱の世を治めた徳川家康をはじめとした三河武士の伝統があります。旗本や譜代などの小藩が多かったので、独立心が旺盛。一方で郷土愛、地元愛が強い。

雇用が安定しているので、全国から優秀な技術者が集まります。地元の女性は素敵なお婿さんと出会えます。結婚すると、嫁の親の土地に、大きな家をつくります。広い家で、出生率は高まります。自治体の財政力指数も健全。少子

＊　西三河の自治体はトヨタのお陰で税金が入ってきます。９市１町合わせても役人は１万４０００人、トヨタ自動車は７万人、トヨタグループは36万人と、公務員の数よりはるかに多く、地域を守るのには両者の連携が必要です。活動の輪は、東三河、西尾張、それから三重県の北勢にも広がろうとしています。

＊　「西三河」は岡崎市、碧南市、刈谷市、豊田市、安城市、西尾市、知立市、高浜市、みよし市、幸田町です。

高齢化、過疎化に悩む地域からすれば、誠にうらやましい話でしょう。

そんなたくましい西三河地方なのですが、不安は少なからずあります。過去に、昭和の東南海地震や三河地震、戦後の伊勢湾台風や岡崎豪雨（平成20年8月末豪雨）など繰り返される豪雨を経験していますが、目の前に迫る南海トラフ地震という超広域災害に立ち向かえるでしょうか。

これには自治体とトヨタ自動車など企業との連携が不可欠です。

西三河には中核市の岡崎市や豊田市をはじめ9市1町がありますが、トヨタグループとまとまって災害時の協定を結んでいるわけではありませんでした。しかし、現実に災害があれば、市町の境を越えて救援や物流が動かなければなりません。

2013年ごろ、「トヨタとして、個々の自治体ではなく、西三河の全自治体とまとめて付き合いたい」と、あるトヨタマンから言われました。これを

＊ 西三河の気質や慣習は脈々と引き継がれ、今でも厄年になるまでに何十万円も貯めて、そのお金で買ったものを家族ではなく、隣近所に配る習わしがある地域があります。まさに「厄払い」です。

きっかけに、幸田町という一番小さな自治体の担当者から声を上げてもらう形で、10の自治体が集まる場を設けました。それが「西三河防災減災連携研究会」の始まりです。

そこで、全市町の副市長・副町長に集まってもらって大ワークショップをしました。

「命を救う」だけではダメ

２０１７年度の研究会のワークショップでは、豊田市の体育館に20メートルを超える白地図を敷き、頭上からプロジェクターで地震の揺れや津波が伝わる様子や、液状化マップなどを一斉に投影してみました。個々の家まで出ている住宅地図を使い、発電所のある場所には発光するアイコンを付け、２００人の企業や自治体の人たちに、自分たちの工場の印を地図上に置いてもらいました。みんなまず自分の家を探し、次に工場や会社のある所を見て、引いた目でも見

＊　ワークショップがなぜ副市長レベルだったのかというと、市長は自分の自治体が「これだけすごい」と説いて当選した親分で、他の市町の親分と連携するのは苦手だからです。副市長なら、自分たちのダメなところも認めつつ、部局の壁を越え、他の市町と協調しながら解決できる立場にあるだろうと考えたからです。

＊　国土地理院は自治体からの情報で地図をつくりますが、住宅地図会社は１日当たり全国で１０００人の調査スタッフが調べまわってつくっており、「鮮度」が高い地図といえます。災害後の活動にも役に立ちます。

ます。私は地図の上を歩きまわり「この道路はマズイですね。その道路沿いにある工場もマズイ」などと話します。

すると災害時の緊急輸送道路などが市町境でズタズタでつながっていないことが分かりました。これでは緊急車両も、物流のトラックも入って来られません。

このプロジェクションマッピングというのは、何百人もが同時に課題を共有できる効果的な手法でした。周辺には中部地方の地図もつながっているから、遠目から地図を見て、周りとの関係性を確かめることができます。「鳥の目」と「虫の目」の両方から地域を見直すことができる。防災のワークショップには最適なので、その後もよく活用するようになりました。

3年前に、この手法で「我が街」を見た副市長たちは、一様にショックを受けました。個々の都市計画は立派につくったつもりなのに、周りのことは全然考えていませんでした。そこで互いに話し合って、緊急輸送路の見直しを始め

＊　巨大地図を使ったプロジェクションマッピングの手法は企業、自治体、市民向けなどで多用しています。一度に多くの人が問題点を共有できるのでとても有効です。

＊　道路をはじめ、水道などのインフラについても連携の必要性を共有。行政だけでなくトヨタや中部電力、東邦ガスなどの企業とも、工場の取り付け道路の問題などについて課題を洗い出し、一緒に解決策を探ることになりました。

ました。

災害時は「人の命を救う」のが最優先であることは確かです。しかし、西三河の人たちは「それだけではマズイ」と考えられるようになりました。

民間企業の支援は後回しでいいという考えもあります。しかし、今は民間活力で民間がかなりの公的な部分を担っています。命が救われた後に必要なのは生活や職。産業が早く動かないと職がなくなり、最悪また命が失われていきます。

行政も企業のことを考えて、市や町の枠組みを超えた防災対策を進めるべきです。その第一歩が西三河という地域で始まりました。

ボトルネックを洗い出す

「西三河防災減災連携研究会」でも「ホンネの会」でも、産業やインフラを守ることが最大のテーマです。

企業や行政と幅広く、インフラの問題をホンネで話していると、方々に不都合な問題が隠れていることに気付きます。そこで徹底的にやったのが「ボトルネック探し」です。ボトルネックは瓶の首のように細くなっている部分のことで、物事の進行の妨げになるものです。

一つのインフラにいろんな組織がかかわっていることがボトルネックになります。

国、NEXCO（高速道路3社の総称）、都道府県、市町村が維持管理している「道路」。水資源機構、国交省、農水省、厚労省、経産省、県企業庁、市町村・水道企業団などがかかわる「水」。さまざまな国の機関、県、市町村、企業が関与する「港湾」。維持管理の前提条件をそれぞれの基準で課していて、関係は複雑。防災の問題のどこから手を付けて解決すればいいか見当がつきません。

このほかにも、「工場の建物や機械が壊れてなくても、情報システムに問題

＊ 身近な例でいうと、「ボトル」ではなくて、「缶」にもネックがあります。缶詰の「缶」です。非常食としていざというときに大事な缶ですが、缶をつくっているメーカーは多くありません。

胴の部分をつくっているところと、蓋をつくっているところは別と言います。東日本大震災のときには、蓋をつくっている工場が被災して大変だったそうです。

缶詰の備蓄は1週間分ほどしか持っておらず注文生産だと言います。いざというときに大量に出荷するのは無理のようです。

があると機能しない」「受電設備が壊れると、電気が来ていても受け取れない。震災直後は修理の人も来てくれない」「ポンプや発電機は水に浸かったらダメになる」など、膨大なボトルネックが浮かび上がりました。

不都合なことがどんどん見つかってくると、タテマエなんて言っていられなくなります。

これでホンネの議論がさらに深まります。

できない理由を探す人たち

西三河では企業と自治体の連携がうまく動き出していますが、現実にはなかなかうまくいかないところがほとんどです。

特に都道府県レベルでは、産業と防災をセットで考えられる人材が不足しています。県で「産業支援」と言うと、中小企業を「弱者」として、その面倒を見てあげるというスタンスが主です。大企業は支援対象外となり、結果として

＊ 自治体幹部は部局を守る意識が強いようです。税収も職員も減っているので、仕事を増やさないようにします。国は仕事を増やすと予算が来ます。補正予算がありますし、国債という金のなる木を持っています。でも、県や市は仕事を増やしても予算が増えない。だから頑なになりがちです。

災害から産業全体を守るという発想が生まれません。

そもそも、解決策のないことを言えないのが役所の人たちです。社会の混乱や不安を生み出さないためだったり、予算が決まっているからだったり……。いつも言い訳をせざるを得ない状況にあるので、「できない理由」を言うのが得意です。解決策がないことを言って自分の組織に傷がつくのを恐れる気持ちが強いからでしょうか。自分たちだけでは解決できない、仕方ないことだ、と。だから余分なこと、ホンネをしゃべれないのです。

ある県で「地震対策アクションプラン」という防災計画をつくることになり、私が有識者として呼ばれました。

そのときの防災の人たちは課長以下、とても前向きな人たちでした。しかし、その上の人たちはやや後ろ向きだったので、私はこう頼みました。

＊「地震対策アクションプラン」はよいものができたと思います。でもこのような計画やマニュアルはつくりっぱなしでは、担当者が変わると作成者の意図が忘れ去られてしまいます。

マニュアルを空洞化させないためには、職員に定期的に簡単なものでもいいからマニュアルをつくらせるのが有効です。一部について毎回見直すのです。当事者意識を持たせ、マニュアルを意識させる効果があります。そのとき必ず現場を見せるようにしましょう。

大阪北部地震や北海道地震の後、BCPを見直しているところはよい企業です。マニュアルをつくりっぱなしにして、後輩たちが行間が読めなくなると、思わぬ事故を起こします。

「大事なアクションプランなので、縦割りでなく、全庁の部局の人と徹底討論しよう。役職者は昼間に業務として打ち合わせる。若手は時間外に、夜、話し合おう」

昼間の役職者の会では、「できない」話ばかりでした。役職者だから部局を背負っていて、都合の悪いことは言いません（これは一つの責任の取り方なので、すごいことだと思いました）。

夜の方は少し、雰囲気が違いました。口が軽い人が多かったのです。そういう人たちは、県民のことをよく考えています。真剣に考えているから、ホンネをしゃべってよいときには話したくなるものです。懇親会もしましたが、アルコールが入るとさらに流暢になります。

夜の会は、あまり事情を知らない私が勉強する機会だから、いろいろ聞きます。すると、昼の会で「ダイジョーブ」と言われたことがそうでもないと分かってきます。それで、今度は昼の会で夜の内容をもとに突っ込みをいれるとじゃんじゃん認めてくれます。

口の重い課とは、例えばこんなやりとりがありました。


「海抜ゼロメートル地帯はどう守っていますか？」と私。

「ポンプがあります」と口の重い課。

「ポンプって水に浸かったら使えないんじゃないですか？」

「いえ、ダイジョーブです」


口の重い課は、根拠なくこういうことを言います。

海抜ゼロメートル地帯をちゃんと守るには堤防を全部直す必要があります。でも、この国には全部直す予算はありません。公務員は住民に聞かれると「頑張って直しますから、安心してください」と言います。でも「いつまでに直

＊ 役人が「できないことはできない」と言えないのは、解決策がないことを市民に伝えると、市民を見放したことになるからです。いたずらに市民を不安に陥れないようにするためだと思います。本来は不安だったらそう言って、解決策を一緒に考えてあげるべきです。

す」という人は誰もいません。不可能だからです。

この場合、正しい役人の応答は「国も県もあなたの家が水に浸からないようにはできません。強い地震が来たら、堤防のどこかがやられ一帯は水没しますから、逃げる準備をしておいてください。備蓄もちゃんとしておいてくださ い」です。でも、それが言えない。

ある口の重い担当者とは、こんなやりとりをしました。

「ため池の堤防って大丈夫ですか？」

「絶対ダイジョーブです」

「藤沼湖（東日本大震災で決壊した福島県のダム湖）だって決壊したでしょ」

「でもダイジョーブです」

いつまでもこんな調子なので、私はさらに畳み掛けます。

「ため池の堤防と河川堤防ってどっちが安全なんでしょう?」

「河川堤防です」

なるほど、河川堤防は別の部局が管轄しています。その担当者に河川堤防が震度いくつまで耐えられるかを聞いてみると、震度6ぐらいだと言います。しめしめ。

「河川の方は震度6までしかもたないと言っていますよ。ため池の堤防はどうですか?」

「…すみません」

ため池の堤防は、自治体のものではなく、農業従事者の負担も出てくるので一気に直せるわけがない。担当者はそれがよく分かっています。農家を守るのが彼らの役目。だから頑なに「ため池の堤防はダイジョーブ」と言い続けたの

＊ 西日本豪雨では、32カ所のため池が決壊しました。ため池は全国に約20万カ所あると言われます。

でしょう。

しかし、2018年の西日本豪雨（平成30年7月豪雨）では、ため池に多くの被害が生じました。口が重く、腰も重いとそういうことになってしまいます。被害が出てから動いても遅いのに……。

こんなやりとりの討論を10回くらい繰り返しました。今は、国の支援もあるので、積極的に対応してくれています。

誰を見て仕事をしているか

かなり前の話で時効になるので明かしますが、ある二つの自治体が出した地震の被害予測に、計算間違いがあるのを見つけました。

ある設計でその結果を使おうとしたところ、どうしても再現できなかったのです。調べたら、被害予測をしたコンピュータープログラムに、バグがありま

＊ 重い責任を担うのは誰でも負担です。なので、自治体ではみんな早く防災担当の役目が終わるのを待っています。
でも、高知、静岡、三重などの各県は違います。これらの防災部局は県庁の筆頭部局として責任を持っています。
大阪や愛知など豊かな府県は府県庁が率先しなくても社会が動いてくれるから、役所はあまり動こうとしません。高知や三重など小さな県は他に頼れないから県庁が動かないと地域が終わってしまいます。小さな県の方が前向きのような気がします。

した。

それを指摘したところ、一方の自治体は「ちゃんと全部やり直す」という対応を取り、計算した会社も無償で修正に応じました。

しかし、もう一方の自治体は「トップまで見てもらって公表したものを、今さら間違っていたとは言えない」という対応でした。計算結果そのものの影響はとても小さいので、結果として問題はなかったのですが……。

計算間違いなんて、研究の現場でも、実はしょっちゅうあります。間違えたら素直に認めて、修正すべきです。ましてや、その計算間違いは計算した会社のミスで、行政が責められるものではありません。それなのに、その自治体は「直せない」と頑なままでした。

「誰に対して仕事をしているのか」が、行政の組織や人によってまったく違うことを実感した例でした。

＊ 計算違いのある被害予測を見直さなかった自治体は、その後、別の被害予測をしましたので、今は間違った予測結果は使われていません。

災害の被害予測については「産業の維持が大切だから、最悪の被害予測をして、対策にお金を投入しなければいけない」という考えがある一方で、「産業が逃げていってしまうから過大にしたくない。やるべきことは粛々とやるので問題ない」と言う人がいます。どちらも一理あります。

後者の考え方に対して、「それでは市民の命や産業が守れない」と抵抗する部下もいて、もめることがあります。私は、そういう抵抗をする人たちを応援したくなります。

内閣府が出した南海トラフ地震の被害想定は、愛知県で死者2万3000人、大阪で死者7700人。

これを基に各都道府県で地域防災計画を立てる際、大阪府は被害を大きくした方がいいと考え、死者を一気に13万人に膨らませました。国は堤防が壊れない前提にしていましたが、大阪府はすべて壊れるという前提にして、膨大な人が逃げ遅れることにしたのです。

そのときの検討部会の部会長は、関西大学の河田惠昭特任教授です。命や産業を守るには、最悪の事態を考えた被害予測をし、それで予算を獲得して、やるべきことをちゃんとやらせるという考え方だったと思います。

一方、愛知県の被害予測結果は国の想定とあまり変わらず、死者2万9000人。堤防が切れても、みんな逃げると想定したからです。「企業がビビるような想定を出す必要はない」「県民の不安を大きくしたくない」などさまざまな考えがあったと推察されます。その代わり、県民が必ず逃げてくれるよう徹底的に防災教育や意識啓発をすることを約束してもらいました。

大阪府と愛知県、どちらが良い悪いではないですが、地域や役所の意識の違いによって、被害想定というのはそれだけ差が出るものだと知っていてほしいと思います。

＊ 被害想定は被害軽減策の検討のために行うものです。東日本大震災の直後に行われた被害予測では「想定外」と二度と言わないようにするために、最悪の事態を想定する空気がありました。
　時間の経過とともに、大イベントを控えた被害予測では、必ずしも最悪とはいえない想定も行われていると想像されます。

防災会議も含め、国や自治体のナントカ委員になる先生方は、偉い専門家として高所からコメントをする人もいれば、私のようにぺーぺーのときから役所やコンサルと一緒に汗を流し、細かい文句をたくさん言う人間もいます。平時は私のようなうっとうしいタイプは嫌われますが、非常時は頼りにされることもあります。

二つ上の立場から考える

公務員でも大企業でも、今は中間管理職の力が弱いです。いろいろな責任を抱え、自分のやれる範囲を自分で狭めてしまう傾向が強いからです。

企業の防災対策では本来、調達やライフライン、生産管理、設備、物流のことをすべて知っていなければなりません。しかし、防災の会議に「防災担当者以外も連れて来て」と言っても、なかなか連れて来てくれません。防災担当の多くは総務部門で、人数が少なく、会社の個々のことまではあまり把握していません。他の部署の人を巻き込むと、自分の仕事が増えてしまうし、そこまでの責任も負わされていません。中には、マジメに他の部署の人たちから一生懸命にヒアリングをする人もいます。でも、たいていは「知っていることにしておく」ことが多いようです。

そもそも人間とは弱いもので、対外的にはプライドを見せても、社内に戻ると立場は弱い。「自分の弱さや組織の弱さを見せたくない」「何かが起きたらしょうがない」「見たくないことを見ない」という「ないない」尽くしになりがち。マスコミが叩くから、よく起きる小さな災害への備えはしますが、巨大災害については目をつぶる。そんな人たちが多くなってしまいがちです。

私は建設会社の新入社員のとき、「二つ上」の立場から考えるようにしていました。例えば課長が言うことの理由は、部長の立場で考えるとよく分かりました。

＊ ムラ社会では、組織に愛着を持ち、組織を守るのも大事なことです。特に組織のトップを出す部門は、その部門の弱みを見せにくいもの。組織の中で守られている人は、組織を守りたいという思いが強くなります。
しかし、ムラ社会も実は階層構造になっています。会社の中でもさまざまな部署があります。さらに、グループ会社、業界団体、経済団体もあります。その外には地域があり、家庭があり……。それぞれを大切にして、自分が当事者となって生きる場を守らなければなりません。

最初は原子力発電所建設の研究開発部門に所属していましたが、しばらくして東大の教授が副社長として来てから、特別研究室に移ることになりました。そこは研究第一主義で、現業を否定するところがありました。私は研究ばかりやっていると大学の人間と変わらなくて、業務を学べる企業にいる意味がなくなりそうだと悩みました。そのときは、いろいろな部署の立場で考え、バランスをとりました。おかげで、ある程度実務を知っている点で、他の大学人にはないものを身に着けることができました。

一人の人間が一つの立場ばかりやっていると、了見が狭くなります。一人で複数の役割を持てるかどうかがポイントです。

一人二役か、三役ぐらいがちょうどいい。縦は二つ上と二つ下、横は自分の隣近所と遠方の人。過去と未来、あるいは近い将来と遠い将来……。そうやって物事や組織を複眼的に見ると、総合的な視野が持てます。

「重箱の隅」をつつかない

俯瞰《ふかん》ができないとセクショナリズムに陥ります。問題が大きすぎると「ぼくでは無理」という人が多い。解決できないことにはかかわりたくない。大きすぎる問題を避けて問題を小さく限定してしまう。公務員は一人ずつに「〇〇をする人」と、明確に仕事に紐付けられ、使える予算が決まっている。それを超える仕事がしにくい。

公務員だけでなく大学でもそうです。「そんな大きな研究テーマは無理」と言う人が多い。本当に大切なことに取り組む人が少ない。論文を出しやすい研究ばかりしがちになる。短期で論文を出しやすい研究とは「重箱の隅をつつく」ことです。

近年は論文の質よりも、本数で評価される傾向が強いからです。論文は、以前から言われていることに何かを加えたオリジナリティが必要です。大きな問

＊ 建築の世界ではセクショナリズムというより、ヒエラルキーがあります。アーキテクト（意匠）は「おしゃれで美しく」を目指します。ストラクチャルエンジニア（構造）は「意匠が実現したいものを力学的に考える」役割。メカニカルエンジニア（機械設備）とエレクトリカルエンジニア（電気設備）は機械屋や電気屋との間を取り結びます。

ヒエラルキーの一番上は客先とコンタクトするアーキテクト。安全を考え、意匠屋に「ちょっと待て」というストラアクチャルエンジニアより、意匠屋に寄り添う人がいい構造設計者と言われがちです。

題で論文を一つ書くより、ほんの少しのオリジナリティを加えて10本の論文を書いた方が効率的で、評価もされます。

セクショナリズムに陥ると、助教に見えるのは「研究室」まで。教授、准教授でも「学科」まで。「学部」のことまで考えている人が多くはありません。普通は「大学」に自分が貢献できることなんて考えていない。ましてや大学を飛び越えた「学術」を見渡している人は、もっと少ないと思います。そもそも、研究者は、組織的な動きが好きではない人たちですから。

学者は自分の領域ばかりをやっていて、隣の領域を勉強しようとしません。それぞれ学会をもっていて論文を出すところが違うから、他の分野の人と価値観を共有することができません。大学教員は社会からまつりあげられているので、人と対等に付き合ったり、一緒にやったりするのが苦手な人が多いようにも思います。組織でプロジェクトを動かす会社とは違った雰囲気です。

重箱の隅やセクショナリズムを脱して、大きく大切な問題に取り組まねばい

＊ 地震のことをやっている学者も「物理屋」と「地質屋」の間には断層があります。物理屋は「力学」から考える。地質屋は「物性」(物質の有している性質)から考える。ここにもセクショナリズムがあります。活断層についても「地理」の立場の人は地面の形から見る。「地質」の人は地層の性質をみます。

けません。

「総務が防災担当」の組織は心配

防災は総合性が大事です。逆に、一部の人だけが防災を担当している組織はマズイです。

昔はどこの自治体でも、総務部局に防災担当がありました。そのころは、どう見てもトップエリートが行く部署ではなかったでしょう。

しかし、阪神・淡路大震災をきっかけに、危機管理の失敗が組織をつぶしてしまうことが分かり、意識の高まった自治体は防災を担う危機管理部局を新設し筆頭部局にするところが増えました。

ところが、なぜか企業はそこまで至っていません。昔は大きな企業には営繕部局があって、会社のハード的な安全対策を担っていました。今は、営繕部局はリストラされ、大半の企業で、総務の人たちが防災もやっています。彼らはほとんど文系です。総務のメインの仕事は危機管理ではなく、各種の問題処理や、株主対応や役員対応。これでは本格的な防災対応はやりにくいです。なので総務では「自分たちのダメ出し」をするＢＣＰ（事業継続計画）をつくるのは難しいと言えます。

やる気があって、本当に会社のことを思う人がいたら、下から上にうまく話を上げていきます。うまくいくのは、社長直轄の組織にすること。これは役所もそうですが、トップが本気だと、その脇に危機管理を担う部長などを置きます。有能で前向きな、一番のエースを選びます。それをトップがきちんと評価してあげるのです。そんなトップとエースがセットで動き始めた組織の防災は、ものすごい勢いで回り始めます。

＊　会社の総務部は「取りまとめ役」であって、個々のことの勉強は十分ではありません。普段は「落としどころ」を探すのが仕事です。調整役の総務にとって、「会社にとっての不具合をあばき出し、それを直していく」のは不得手だと思います。

私が呼びかけた「ホンネの会」には、そういう人たちが集まっています。その雰囲気の中で「ホンキの防災」を語るようになりました。なかなか言うべきことを言えない社会の中で、それでもホンネで語ってくれる貴重な人たちと、会の雰囲気を少しだけ紹介しましょう。

それでもホンネを言う人たち

組織イズム無縁の元中電エンジニア

元中部電力（中電）の都築充雄さんは根っからのホンネ人間です。30年近く、火力発電所の設計や現場の仕事に従事していました。今は私がセンター長を務める名古屋大学減災連携研究センターの寄付部門の教員として大学で働いてくれています。

＊ 中部電力の安全重視は伊勢湾台風で身につけたのかもしれません。伊勢湾台風の後、火力発電所を盛り土してつくるようになりました。私はゼネコンに勤務していた時代に、中電に合理化提案をして、「そんなものでカネを安くして安全を減らす気か」と叱られたことがあります。他の電力会社に提案して喜ばれたことでした。

電力会社で建築関係というと、頑張っても役員にはなれない部門。でも、そこがいいのです。出世コースの部署で、上ばかりを見て組織イズムに陥ると、本当のことや大切なことは言いにくくなります。

都築さんは中電には珍しい早大出。おおらかで人なつっこく、会社以外の人ともよく付き合います。中電にいたとき、私と居酒屋で飲んでいて、「発電所は一度止まったら2週間はダメだ」と言い出したのが都築さんです。酔っぱらっていたとはいえ、同席していたのはガス会社の人とトヨタ関係の人。みんな防災担当者ですが、それまでは交わりは多くありませんでした。発言は、かなり勇気がいったと思います。

みんなそのときまで、電力は3日くらいで復旧するものだと思っていました。阪神・淡路大震災では多くの地区が3日で復旧したので、「そんなものだ」と。だから、4日以降になると社会は大変なことになるのですが、多くの企業はいまだに3日より先を見ていません。

＊ 参加企業は、ホンネの会以前は、「ライフラインやインフラは大丈夫」と勘違いしていましたが、会に出て必ずしもそうでないことを知りました。また、よその会社の企業防災の現状を知り「ウチもダメだけどよそもダメ。丸ごとダメだ」という実態を認識しました。頑張っている企業の話を聞いて「すごいな。これではいかん」と思った人もいたようです。

それは、電気がどうつくられているかについて、あまり深く考えられていないからです。次章で詳しく説明しますが、確かに電気をつくるプロセスを詳細に見ると、3日で復旧は難しいということが分かってきました。都築さんは控えめに「2週間」とボソッと言ったのですが、それどころじゃない。電気が止まればガスが止まり、水が止まります。「そうしたらトヨタも終わっちゃうよね、ダメじゃん……。そんな大変なことになるのに、お互い知り合わないのはマズイよね」と話が広がる。それがホンネの会の立ち上げにつながりました。

北海道が「ブラックアウト」となった2018年の北海道地震で明らかになったように、火力発電所は絶対の安全を必要とする原子力発電所とは違います。北海道で停止した北海道電力苫東《とまとう》厚《あつ》真《ま》火力発電所は、震度6程度までの耐震性能だったはずです。そうした火力発電所が、全国各地の津波被害を受けそうな沿岸部の埋立地に建てられています。揺れや液状化も心配です。

＊ 居酒屋で一緒に飲んだガス会社の人も名前は出しませんが、やはり本社にばかりいないで、外に出て行くのが好きな人。偉くなりたいとはぜんぜん思っていない。現場が大好きなので、地震が起きると真っ先に現地に応援に行きます。夜の飲み会で、ボソッと「電気がないとガスもつくれない」と言ってくれました。でも、今ではガス会社は自前で電気をまかなえる備えをしてくれました。

都築さんはそうした問題を中電内で議論し、「火力発電の耐震性を上げましょう」と声を上げてくれました。

そういうヤバイことは建築のように小さい部局だと意外と言いやすいのです。すると社内で前向きな人たちが防災対策について「土木もダメ」「送電も実はダメ」などと言ってくれ、全体で考え直そうということになったと想像しています。

中電は2011年から5年間をかけて、火力発電所を耐震補強する方針を決めていたようです。2007年の新潟県中越沖地震の前に浜岡原発の耐震裕度工事を終えたり、東日本大震災の前に浜岡1・2号の廃炉を決めたりと、常に耐震対策を先駆けた会社ならではでした。ですが、福島第一原発事故の影響で浜岡原発の防波堤工事などに多額の投資をすることになり、火力の耐震補強は遅れてしまいました。

それでも中電が電力自由化の前に耐震化を進めることになったのは、都築さんのような人たちがたくさんいたからこそだったのです。製造業中心の中部を守る責任感も含め、地元愛を持った電力マンの心意気を感じます。

思い立ったら突き進む現場主義者

元トヨタ自動車の技術部長、土屋泰広さん。「コンポン研究所」という、トヨタグループのシンクタンクの副所長を務められ、退職後、週1回は研究員として名古屋大学に通ってくれています。

土屋さんを一言で言うと、気配りと深謀遠慮《しんぼうえんりょ》の現場主義の技術者。一歩引く人ではありません。むしろ若い人にもズバズバと、うっとおしいと思われることを言える、おせっかいが好きな、古だぬきのような人です。いろんなことを飲み込んで、差配して、レールに乗せる。怒ったり、根回ししたりできる。そういう人じゃないと、大トヨタの部長にはなれないのだと納得させられます。

どんな組織にも、本当に大事だと思ったらどんどん突き進んでいくタイプと、プライドが高くて外向きはよいことを言い、内向きにはあまり言わない、事なかれ主義の人がいます。

土屋さんは典型的な前者で、思い立ったら勝手にいろいろな企業にアポをとって、具合の悪いところを聞きに行きます。

建設資機材のレンタル会社に行けば、トラックヤードが海抜ゼロメートル地帯にあることを見抜いて「これではダメ。水没する」とハッキリ指摘する。「モノをつくる」という明快な目標に向けて、一歩一歩を詰めていく。そのために本質的な問題を追求する。そういう訓練がされている人なのです。

組織内で上を目指せない人は、ずっとよい子でいてセクショナリストとして勤め上げるか、そういうところにいるからこそ自由奔放に面白いことをやるか、の二つのタイプの人がいます。ホンネの会には、後者を選ぶ人がたくさん集まっています。

あらゆるものをつなぎ合わせる

もう一人、私と同じ名古屋大学の武村雅之さんを紹介します。

武村さんは東北大学で理学博士となった地震学者ですが、大手ゼネコンの鹿島建設に入社。地震学と建設会社という、似て非なる世界でも自分を見失わず、アイデンティティを確立して定年まで勤め上げました。そして60歳になって名大に来ましたが、すばらしい仕事をされています。

一言で言うと「人の言うことを信じない」タイプ。自分で一次情報を見ないと気が済まないので、ライフワークである関東地震（関東大震災）について、各地に残る石碑を全部、自分の足を使ってチェック。死者の数のダブルカウントを洗い出して、死者14万人という定説を10万5０００人に修正させました。

関東大震災では、震源近くの地震計は壊れましたが、遠くの地震計は生きていました。そこで武村さんは、遠くの地震計の波形をデジタル化して、地震の

＊武村さんたちよりちょっと上の団塊世代は、戦後の社会に批判的で、人数が多くて競争も激しかったから、斜に構えているところがあります。でも、武村さんたち「ポスト団塊」世代は、生まれてから冷蔵庫や洗濯機、白黒テレビの「三種の神器」が登場、小学生のころに東京五輪があり、高度成長を前向きに捉えてきました。だから日本に愛着があるのでしょう。

ポスト団塊世代の「ちょっと変な人たち」が、今の日本のことをよく考えて、防災、減災でも何とかしようと頑張っています。

起こり方を明らかにしたり、建物被害から震度を割り出したりしました。歴史や地形にも興味を持ち、あらゆるものをつなぎ合わせる能力があります。「ブラタモリ」の元祖のような人です。

もともと、建築や土木はいろんなものを組み合わせて構造物をつくる職業です。技術も、研究も、芸術も、防災はもちろん、国土づくりや地域づくり、情報や社会科学の分野とも付き合いを深められます。縦割りをつなぐ、総合コンサル的な役割ができます。建築や土木の学問は先端ではないですが、周辺の先端技術を組み合わせるコーディネーター役としては秀逸なはずです。

理学出身の学者でありながら、建設業に勤める中で、違う分野の人と積極的に交わった武村さんからは、そうした知識や人間性の幅を広げる意味を学ばせられます。

＊ TEAM防災ジャパンで一緒に活動している時事通信の中川和之さんや、元板橋区役所で今は跡見女子大学の鍵屋一さん、マスコミの人たちとの勉強会NSLを一緒に立ち上げた元NHKで江戸川大学の隈本邦彦さん、元中京テレビの武居信介さんたちも同世代で、皆、人好きで元気で、二足も三足も草鞋を履いている人たちです。

これがホンネの引き出し方

2014年からホンネの会を始めました。

名古屋大学の施設の一室。メインテーブルにつくのは15人から20人ぐらい。その後ろに数十人がオブザーバーのように座ります。

当日のスピーカー（発表者）が前で話します。司会役は別の先生ですが、その先生はやさしい紳士なので、あまりいじわるなことは聞きません。私がスピーカーの横について、「また、そんなウソをついて」、「それは違うんじゃないですか」などとチャチャを入れます。テーブルの脇にいて、ボソボソと飲み屋でしゃべるように突っ込みます。

ある役所の人を呼んだときは、

「うちは指導行政省庁で、監督と指示しかしません。だから具体的なことは知りません」

と言われました。
これに対して、同じ国の役人でも現場を持っている省庁の人たちは唖然としていました。現業省庁に比べて、指導行政省庁の人たちは当事者意識が少ないようです。

「いざというときにはどうやって対応するのですか？」と私が聞くと、「はい、○○協会に頼むだけです」と業界団体に依存しています。
「協会でどう調整するんですか？　業界各社はみんな仲が悪いと聞いてますよ。協調しにくいんじゃないですか」

こう突っ込んでも、

ホンネの会

「そうですけど、われわれは指示するのが役割で、それ以上はできないので」と困った顔をします。

現業系の省庁は自ら動くのですが、指導行政系の省庁は「やってくれ」というだけ。現場の不都合は知る由もありません。だからいろいろと矛盾が出てきます。

私は、メインテーブルにいる現場の人たちに「それマズイですよね」と同調してもらうように話します。すると具体的な現場の実情が出てきます。それを知らずに国に頼っていることが分かり、メッキがボロボロとはげていくのです。

ホンネを言わない人をほぐしホンネを引きだし、ホンネの輪を広げていくメソッドがあります。

最初は人間関係づくりです。「一緒に飲んで、じっくりホンネを聞いておく」。どの程度話せそうかもです。

そして「その人にホンネの会に出て話してもらう。会で信頼関係をつくり、ほぐしていく」。ホンネを話した爽快感を味わっていただき、いい気分で帰ってもらう。

最終的には「ホンネの会で味方にした人たちに、産官学でつくる公的な会に出てもらう」。公的な会には頭の固い人もいますが、ホンネの会の味方の力で、公式に話せそうなホンネを発言してもらい、ほぐしていきます。

ホンネの意見を実現するためには、こういう階段を上るような手順が必要です。

ホンネを話せば出世する

自分から好んでダメなところを言う人はいません。だから、どうやってそれを言いやすくできるかを考えます。

自分や組織にとってマズイことを言ったら、その人を褒めてあげるのが一つのやり方。「あなたのおかげでこの地域が一つ安全になりました。ありがとう」と、みんなが感謝する雰囲気づくりが大事です。

スピーカーとして出てもらおうと、いろんな人に声をかけますが、もちろん断る人もたくさんいます。それでも来てくれるのは、使命感を持っていることもありますし、「他の弱みを知りたい」という動機もあるようです。自分たちの外側のことを知らないと、自分たちもやっていけない。他の弱みを知らないと生き残れない。

「だったら、自分も白状しておこうか」ということになるようです。

ただ、担当の人だけが突っ込まれてホンネを吐露すると、後で上司に叱られてしまいます。だから事前に「これ言ってもらうよ」とこちらから上司に伝えておいて、後で担当者が困らないようにすることもあります。そんな環境づくりも必要です。

ホンネの会に来てホンネを言えば言うほど、その人は社内的に偉くなっていくようです。具合の悪いことをどんどん話せば、「直せ」ということになるから、結果として予算がたくさん付いたり、人も増えたり、部長がいなかった組織に部長ができたりするからです。

自分だけで騒いでも組織は動きませんが、周りから言ってくれるようになると「外圧」で動くようにもなります。

「よくぞ言ってくれた」と認められれば、その人は組織になくてはならない人になります。そして、全体にとって良いことをしているのだから出世します。安全を担う部署の位置づけも、全体として上がります。長い目で見て、その会社は災害に強い会社になるという、好循環が生まれるのです。

ホンネの会に出るメリットは、自分の組織の外が見えることです。

企業であれば、誰かから受け取り、加工して誰かに渡すといった複雑な製造サイクルについて解きほぐし、「誰が（どの会社が）痛い目に遭ったらその影響

＊ 安全重視で、設計会社の構造担当者の地位は上がってきています。大手設計会社では昔、建築構造出身の役員は少なかったのですが、今はずいぶん増えました。構造担当者の発言力が増し、安全な建物ができるのはいいことです。

はどこに出てくるか」が分かってきます。企業のＢＣＰ（事業継続計画）は自社内で検討した閉じたものになりがちですが、自分たちの手が出せないところで外的要因が大きく変わると、計画も大きく変わっていくことが浮かび上がります。

日本全体が「同じ船」の意識を

名古屋で会を続けていると、「東京でもやってくれないか」という話が来ます。ただ、中央省庁は縦割り意識がきつ過ぎるので、今のところは難しいと思っています。それと、企業の人たちも東京に対する地元愛が足りません。

名古屋くらいの都市圏だと、中央の出先機関を説得すればいいから、比較的楽です。出先はコンパクトな組織なので、担当者一人でやる範囲が広いのです。それと地方は、地域愛が強く、同じ船に乗っていると感じることのできる閉じた世界だから、一体感ができています。

＊　メディアは震災の周年報道で、被災者のその後を追いかけるだけでなく、「次の震災に向けた教訓」を書いてほしいと思います。

南海トラフ地震は被害想定の数字だけ出していますが、意味づけが記事に出ません。大規模地震対策特別措置法の見直しは、すごく重要な問題なのに、メディアの扱いは十分ではありません。

日本全体でホンネの会ができるかどうかは、みんなが日本が大好きで、日本という船に乗っているという意識が共有できるかどうかで決まります。東京では、お互いにみんなライバルだと思って競争しているから、ホンネの会がつくりにくいのです。まずは名古屋で出てきたことを、経済界を通じて他の地方に広め、社会を動かすのが先だと思っています。

ホンネの会には議事録がありません。また、他言無用です。マスコミもシャットアウトしています。最近の行政の会議は、すべての議事録が情報公開されるのが原則です。だから出席者はいろいろと配慮して、会議の中で、本当のことや大切なことを言えなくなってしまうのかもしれません。

それに、今は公務員が産業界の人と気軽に酒を飲めないようです。すると、昼間の形式的な付き合いしかできず、情報は公式の会議でしか集まらないのです。タテマエばかりで、ホンネを知ることがないわけです。これまた「ないない」尽くしになってしまいます。

＊ 役所とメディア、役所と企業は対立することもあります。お互いにホンネで接触しにくい時代です。ホンネの会ではメディアを外していますが、メディア、役所、企業の仲人役をするのも私たちの仕事だと思っています。それがマスコミの人たちとの勉強会、NSLの活動です。

メディアも意識を変えてほしいと思っています。今までのように、行政批判だけに終始しないでほしい。良くなったことと、悪くなったことの比較をして、解決策を探る分析型、提案型の記事がもっと必要ではないでしょうか。

もっと俯瞰をして、「日本を終わらせない」ために今、何が本当に大事かを一緒に考えていってほしいと思います。

均一か重要度優先か

小さな災害はできるだけ平等に対処するべきですが、限界を超えた災害のときは、より影響が大きいものを早く救う必要があります。そうでないと被害が波及・拡大してしまいます。何が大切かを決めるには合意形成が必要です。ホンネの会はそうした合意形成をする場でもあります。

災害時の医療で「トリアージ」という言葉があります。災害時に多数の負傷

＊　トリアージの語源はもともとブドウなどの選別を意味するフランス語だとされます。２００５年のＪＲ福知山線、２００８年の東京・秋葉原の無差別殺傷事件などでも実施されました。

者を選別し、治療の優先順位をつける行為です。赤や黒などのタグを負傷者につけて、助かる可能性の高い重傷の人から優先して対応します。

カタストロフィーの最中、治療を受ける患者を選ぶ、「選別」は非情とも思えます。でも、南海トラフ地震など巨大災害の現場ではやむをえないことです。

巨大災害に備えるためには、何が大切で何を守るか、何を優先するかということを事前にちゃんと考えておかなければいけないと思います。その話し合いはホンネでなければできません。「社会全体に重要なところを選別して守る体制をとる」必要があると思います。生物としての基本は、種の存続にあります。「次の世代のために大事なことは何か」といった視点で選別していきたいと思います。

行政は「均一に最低限の対策を施す」という立場かもしれません。例えば、建物の耐震についてはどんな場所でも均一、平等に最低限の基準を決めています。でも大都会の下町で、人がものすごく住んでいる地域の建物が最低限だと、一気に壊れ、全体に被害が広がるかもしれません。それでいいのでしょうか。

防災の「平等」という観点で、地震計の配置のことを考えてみます。

地震計は人口割でなく、面積割で配置されています。これは研究目的で、科学的に現象を解明するためには面積割がよいのです。でも、防災目的ならより人が多く住んでいる地域に集中させる人口割がよいでしょう。地震発生直後、どこに駆けつければ人の命をより多く救えるかが分かります。

選挙では1票の格差を解消し、人口割にしようという方向に動いています。地震計の配置もそういった考え方もあるのではないでしょうか。人口が多ければ失うものも多いため、人を優先しようという「重要度優先型」の政策も必要かもしれません。

巨大災害のとき、最重要なのは社会のインフラ維持です。電気がつながらな

＊　地震学は純粋科学ではなく、防災・減災に結びつく応用科学でなければいけないと思います。国もメディアもノーベル賞の対象になる純粋科学や宇宙は「夢がある」から金を使ってもいいと考えがちです。建築、土木、機械、電気といった応用科学にはあまり研究費が出ません。応用部門に手厚くしないと、防災だけでなく、産業も国際競争で負けてしまうと思います。

かったらたくさんの人が死ぬ恐れがあります。水や燃料が来なくても同様です。命を守るために必要となるライフラインは、目の前の被災者救助と同様に優先すべきです。避難所に行っても食料もなく、水も届かないのなら関連死が出るので、道路は直さなければ命を守れません。

ホンネの人たちは、この問題について真剣に考え、重要度優先の対応策を探っています。

次章では、燃料や水、電気など個別に、私がこれまでさまざまな人たちと話してきた内容の一部を紹介します。

3章
ホンネで語るとこんなに怖い

「水」と「油」の危うい関係

石油の供給ルートは綱渡り

社会の「血液」とも言われる石油。海外から運ばれてきた原油をさまざまな石油製品に変える日本の製油所は、その半数近くが南海トラフ巨大地震で影響を受ける地域に立地しており、非常に危ういです。

原油は主に中東から、長い船旅でやって来ます。しかし、その後に私たちが石油製品として利用するまでにも、複雑で長い工程があります。

原油をタンカーで運び入れてから、製油所でガソリンなどに精製。それを油槽所で一時貯蔵して、出荷するには主にタンクローリーを使います。

車両はいくつもの道路や橋を通ってガソリンスタンドへ。スタンドの設備を使って、ようやく私たちが車の燃料などとして利用することができます。

この綱渡りのようなルートがどこかで途切れたら私たちはお手上げになってしまうことを、東日本大震災で経験しました。

燃料供給の寸断は被災地内だけでなく、被災地外の経済や社会活動にも大きな影響を及ぼします。

南海トラフ地震が起こってから燃料を供給するには、どれだけのハードルがあるのでしょうか。

＊ 災害ではありませんが、1973年の石油ショックは、石油に依存している日本の経済・社会を大混乱させました。第四次中東戦争でアラブの石油産油国による原油生産削減とアメリカなどへの輸出禁止、輸出価格の4倍化。日本政府は一般企業への石油、電力の削減を呼びかけました。国民は「狂乱物価」に苦しみ、パニックが起きました。

＊ 製油所の原油輸入頻度は年間30隻程度と言われます。10日に1回程度の割合ですから、10日で備蓄はなくなります。そこで港は被災後10日間で機能できるようにしておかなければいけないことになります。

海底パイプラインのリスク

そもそも、原油を製油所に入れる段階で落とし穴がありそうです。

原油を受け入れるため、港の沖合に「シーバース」と呼ばれる施設がありま す。いわば海上の給油所です。なぜこのような施設があるかというと、大型タンカーは水深の浅い港の奥まで入れないからです。また、タンカーの荷降ろし中に火災などの事故が発生してしまった場合、港や周辺の住宅地に影響を与えないようにという配慮もあります。

伊勢湾では、名古屋港の高潮防波堤から南約10キロに「伊勢湾シーバース」が整備されています。

海上に出ているのは長さ500メートルほどの固定桟橋だけですが、その真下の海底からパイプラインが伸び、知多半島の製油所に油を送っています。

知多の製油所は日本で一番新しくつくられた製油所ですが、それでもすでに建設から40年経っています。その上が航路になっているので、普段は大小の船舶が頻繁に行き交っています。

そこに津波が、がれきとともに押し寄せてきたら、どうなるでしょうか。

航路は船の通り道です。伊勢湾は常に川からの土砂で埋まっています。そこで船底が浅くなった海底に接触しないよう、海底に船の通り道を溝のように掘っています。

震災時は、航路は津波が陸から引き波で持ってきた土砂やガレキで埋まってしまうかもしれません。航路が埋まってしまえば、タンカーは入ってこられません。

伊勢湾シーバース

写真／©名古屋港管理組合

がれきを取り除くために海底を浚渫《しゅんせつ》しなければならないのですが、もし浚渫船が、がれきをつかむバケットでパイプラインをガツンと壊してしまったら、伊勢湾は大量の油だらけになってしまうかもしれません。原油も取り込めなくなります。

パイプが海底の地中にあることは、多くの人に周知されているわけではありませんでした。航路を管轄する人たちに伝えたところ、「これからは大丈夫です。丁寧に浚渫しますから」と言ってくれました。一歩前進ではあります。

岸壁は「公共」だけではない

航路は国が管轄するため、災害時は公共岸壁に向かう航路を優先して直します。

しかし、製油所や油槽所、発電所など重要施設の多くは民間の岸壁にありま

＊ 製油所が機能しなくなったときでも、製油所には油槽所もあり、多量の石油が貯蔵されています。製油所は被災後、再稼働に2〜4週間必要とも言われますが、油槽所は2日程度で出荷できるようになるとされています。しかし、航路が機能しないと、油槽所から他の地域に油を運び出すこともできなくなります。

＊ 一般社団法人日本作業船協会刊『現有作業船一覧』（2017年）によるとグラブバケットによって水底土砂をつかみ揚げるグラブ浚渫船は国内に301隻あります。

す。伊勢湾シーバースのような大型タンカー用バースは沖合に整備されますが、普通の油槽所に入る小型タンカー用のバースは、民間各社が設けています。

伊勢湾には主要な航路が真ん中にあり、ここから民間の岸壁に向かう航路が枝分かれしています。

震災後に公が浚渫するのは、公共岸壁に向かう航路だけ。民間の岸壁に向かう航路も手当てして、タンカーがバースのある岸壁に接岸できなければ、油はいつまでたっても被災地に届きません。

そこで製油所の若い防災担当者が、港湾関係の協議会で「これを解決しないと大変なことになる」と訴えてくれました。参加者は目を覚ましたようで、重要な民間バース用の航路にも対処する方向で検討が始まりました。

ところで、港に船を進行方向のまま接岸することを「入船《いりふね》」と言います。へさきが陸の方を向いているので、港を出るときには船全体をタグボートで半回転させなければなりません。津波が来たとき、湾内の船は沖に出した方がいいのですが、入船の状態だと沖出しに時間がかかります。半周している間に津波に襲われ、転覆して油が漏れる恐れもあります。だから、タンカーが港に停泊するときは、へさきが沖の方を向く「出船《でふね》」の状態がいいのです。

出船にするのは必ずしも一般的なルールではありません。荷物が満載の船を半回転するには骨が折れるでしょうから。

そこで、ここでも製油所の担当者が中心となって「タンカー接岸時には出船をルールにしよう」という話が提案されました。いざというときにはタグボートを優先的にタンカーのところに向かわせる案も出ました。

このようなことは想定される事態をよく知って、関係者同士が信頼関係をもって話し合わないと解決しないことです。

危機感をもった製油所の若手担当者

こうした危機感をもって動き、港の管理組合をはじめとした関係者を引っ張っていった防災担当者とは、出光興産愛知製油所の阿部隼人さんです。

そもそも愛知製油所には山元淳史さんという、防災に本気で取り組んでいる所長がいて、私は名古屋で開かれた高圧ガス関係の会議で初めて会いました。そのときに製油所の防災対策の自慢話を聞いたので、「ではみんなの前で話してください」とお願いしたことがきっかけでした。

そのときは、所内の対策の素晴らしさに感服はしたものの、所外に一歩出たときの問題についてはあまり考えていないようだったので、私は山元さんを少しいじめてしまいました。

それが効果的だったのか、その後、製油所では、外の問題を含めてさまざまな対策が進みました。

＊ 出光興産の危機管理は、2003年の十勝沖地震のときの苫小牧の製油所原油タンクで火災が起きたことや、徳山製油所が1973年にプラント火災を起こしたことなどの教訓から来ているのかもしれません。

＊ 出光興産では他の日常業務と同列でなく、一段上の立場から安全を考えろ、というトップのメッセージが伝わる体制になっています。

製油所から出る道は市道で、通常は市しか修復できません。でも大災害時は他の大事な道路で手一杯で直している余裕はないでしょう。国、県、市と掛け合い、この市道を優先復旧する相談をしました。これでタンクローリーが出せるようになるかもしれません。入船・出船、海底パイプライン対策なども彼らの仕事です。その中心となって精力的に動いたのが、若い阿部さんでした。

山元さんと阿部さんはさらに、タンク火災の消火に使う「大容量泡放射システム」の導入も実現させました。

これは全国11エリアに一つずつありますが、中京地区には四日市に一つしかありませんでした。もし伊勢

大容量泡放射システムを使った訓練の様子

写真／出光興産提供

湾に津波が来たら、わざわざ四日市から名古屋港を回り込んで、愛知製油所のある知多半島までは持ってきてもらえそうもない……。そう考えて社内を説得し、10億円以上をかけて自前で設備を買うことにしたのです。

いざというときのため、見たくないことを見て、着実に対策を講じる。こうしたホンキの人がトップと担当の両方にいると、物事はどんどん前に進みます。まさに映画『海賊とよばれた男』を彷彿とさせます。

しかし、一般の人たちにとって、港や製油所の現場はなじみが薄く、イメージをつかみにくいでしょう。そこで、最悪の災害時、彼らがどんな事態に直面し、それが私たちの生活にどう影響するか、シミュレーションしてみましょう。

港が直面する最悪の事態

「紀伊半島沖を震源にM8クラスの地震、最大震度は7」

＊『海賊とよばれた男』は百田尚樹のベストセラー小説で、私はその映画を観ました。主人公は出光興産創業者の出光佐三氏をモデルにしたと言われます。

南海トラフの東側で巨大地震が発生しました。

名古屋を含む東海地方が、激しい揺れに見舞われます。市街地のビルや建物が多数倒壊し、火災が発生。電気、ガス、水道は広域で供給が停止し、東海道新幹線はストップ。

名古屋港も強い揺れに見舞われ、あちこちで液状化、岸壁も横に移動して、ガントリークレーン（レールの上を移動する橋脚型の大型クレーン）も破損。そして高さ10メートルを超える津波が三重県の尾鷲《おわせ》や伊勢、鳥羽、愛知県の田原《たはら》市などの海岸部に襲いかかります。

伊勢湾にも白い波頭が、大小の船を巻き込みながら入ってきました。岸壁に停泊していた一部のタンカーは沖に出られましたが、多くは津波に翻弄されて転覆していきます。横倒しのまま石油タンクと衝突し、大量の油が海へ。衝撃で引火し、青い海だった伊勢湾は、赤い「火の海」に変わっていきます。

＊ このシミュレーションは、序章の「シミュレーション・半割れ」とは逆に「東の半割れ」が先行する想定です。

津波は高潮防波堤に激しく衝突し、それを回り込んで港に突進。岸壁を乗り越えて港の施設をのみ込みます。コンテナや車両はやすやすと流されていきます。

発電所や製油所、ガス工場、製鉄所など埋立地の施設は、ある程度の高さを確保しているため、完全に浸水はしていません。しかし、埋立地背後の干拓地は標高が低く、堤防が切れて濁流が回り込んだため、施設は島のように孤立状態になってしまいました。

敷地内は液状化でガタガタ。受電盤や配電盤など各種の設備や配管が損傷し、電気やガス、水道もストップしました。所内でもけが人が多数出ているとの報告が入ります。外部の従業員とはまったく連絡がつきません。幸い非常用発電装置は作動。唯一、特設の衛星電話でつながる東京の本社を通じて情報をやりとりします。

「所内で火災発生！」

＊ エネルギー拠点は高さが確保されているので、津波で浸水しないと見られます。ただ、名古屋港や四日市港は後背地が浸水し、孤立する恐れがあります。

＊ 衛星電話の登録を必須とする機関同士では、通報訓練でも使用しています。ただ心配なのは1社で1、2台しか持っていないことが多く、災害時は連携が課題になります。

製油所内では、恐れていた火災の報告に一段と緊張が走ります。幸い、所内消防隊の従業員がすぐ駆けつけることができ、必死の消火作業が始まりました。

厳しい製油所の再稼働

製油所全体が火にのまれる事態は避けられましたが、一夜が明けても津波警報は解除されません。近くの独身寮にいた若手を中心に社員が集まりますが、ベテランはなかなかやって来られません。プラントを動かすためには、電気やガスの復旧が必須ですが、それ以前に職員の確保が難しいのです。

周囲の水は徐々に引いていくものの、外につながる道はズタズタ。市道のため、市職員は他のところで手いっぱいで、なかなか修復に来てもらえないのです。翌日になって多くの所員が歩いて所内にたどり着き、仲間と涙で抱き合う光景があちこちで見られました。そして構内の設備補修も本格化、一部製品の出荷態勢が徐々に整ってきます。

＊ 油をタンクローリーに積むのにも電気が必要です。液状化対策をしないとタンクローリーが入れません。だから発電設備の設置と、液状化対策が必要です。

しかし、まだ液状化した地面の補修や敷地外の道路を切り開く「啓開《けいかい》」は不十分です。油を輸送するタンクローリーも車両基地が浸水し、運転手も確保できません。ベテランの職員が被災して亡くなり、特殊な装置の操業再開に手間取るという問題も起こりました。非常用電源でできることも限られています。それらがようやく解決し、油槽所から部分的に出荷できるようになるまで、1週間がかかりました。

ところが、製油所の再稼働にはさらに時間がかかります。

西日本のコンビナートが機能していれば、石油をタンカーで搬入して油槽所に入れることも可能ですが、そちらも再開までに時間がかかっています。日本海側も冬で大荒れ。海外から輸入する方法もありますが、東日本大震災のときは品質が違うという理由で断念しています。

被災1年後も出荷量は8割

どちらにしてもタンカーが製油所のある岸壁まで入ってこられることが条件なのですが、その後も航路が一向に開かれません。浚渫船の不足で、湾内のがれきや火災の処理の遅れに加えて、南海トラフ地震に関する臨時情報が発表され、東海地震の後に南海地震が来ることを不安に思う海外の船が、港に入ってきてくれません。

何とか荷物を仕入れることができても、通関施設や検疫所が被災してしまっているので、再開できません。港ではここが機能しないと物が動かせません。全国の物流も依然、大混乱のままです。もともと所内にあった在庫はやがて品薄になり、再び出荷量が急減しました。

3週間で、ようやく外部電源が戻り、油槽所の機能は回復しました。しかし、石油製品にはさまざまな原料を混ぜなければならず、一つでも足りなければ全体の工程に響きます。再開しては止まり、再開しては止まり……の繰り返し。被災後1年が経っても、出荷量は平常時の8割ほどしか戻りません。

地震直後から、被災地内外は大パニックです。ガソリンスタンドには、給油を待つ車が殺到。備蓄が残っているだろうと見込んで待つ車の長い列は、1ブロック先の交差点まで達しています。しかし、電気が回復していないためガソリンを地下タンクから引き上げるのに時間がかかります。また、一般車両を受け入れれば、備蓄のガソリンは1週間でなくなってしまいます。

備蓄があり、電気が回復しても開店できないスタンドもあります。アルバイト店員が誰も出勤しないからです。市民は苛立ちを募らせ、あちこちで小競り合いが発生。厳しい寒さなのに、灯油は買えない、ガスも供給が再開できないのでガスストーブも使えず、凍える人が大勢出てきました。

＊ ガソリンスタンドの前に車が長蛇の列をつくると優先車両に給油ができません。市役所の多くは、ガソリンスタンドと協定を結んでいますが、果たして機能するでしょうか。

心もとない石油備蓄

シミュレーションで描いたように石油の問題は深刻です。

企業の多くは災害後「72時間」を区切りにしているので、それだけの燃料備蓄しか持っていません。

また、浄水場や下水処理場、通信基地などの重要施設も、非常電源用に燃料を確保しておかなければなりませんが、危険物は取り扱いに制約があるため、大量の燃料を備蓄するのは困難です。72時間を越える燃料を確保するのは大変です。

道路が寸断される中、不足するタンクローリーをどのように動かすのか、優先順位付けも必要なのです。

製油所の再稼動だけでも、電力が回復してから2～4週間が必要と言われています。流通のことも考えると問題は深刻です。

＊ 製油所からの取りつけ道路は液状化で厳しい状態になる可能性があります。石油を積んだタンクローリーが川を渡るとき、地震でダメージを受けた橋や道路の段差は大丈夫かという問題もあります。

＊ 我が国の石油備蓄は、国家備蓄と民間備蓄で合計２１０日分程度はあるとされています。

意外な製油所の副産物

石油の問題は他方面にも影響します。

製油所では、さまざまな潤滑油をつくっています。すべての機械は潤滑油がないと動きませんが、製品ごとに油の種類は細かく違います。それらが生産できないと、まさに日本経済は「錆びついてしまう」わけです。

直接の製品以外にも、製油所は多くの「副産物」を供給しています。LPG（液化石油ガス）もその一つ。都市ガスは直輸入したLNG（液化天然ガス）にLPGを混ぜてつくっています。その方が火力が強まるからです。

「おむつ」も吸収剤などに石油製品を使っています。始めは支援物資として大量に届けられるでしょうが、やがて底をつきます。そのとき製油所が機能していなければ、新品は手に入らず、小さな子どもを抱えた家庭は大いに困るで

＊ ガソリン需要の低減にともない生産能力が激減しています。急な需要の増加に対応できないという問題点もあります。

しょう。

さらに意外かもしれませんが、「ドライアイス」も製油所の副産物です。石油精製の工程で出る炭酸ガスを回収して、洗浄・圧縮・脱臭・脱湿などの処理を経てドライアイスができるのです。

最近では石油生産の減少で、ドライアイス不足が指摘されています。ドライアイスは食品の保存以外に、人の遺体保存にも使われます。南海トラフ地震では数十万の遺体の発生が心配されています。ただでさえその安置は難しいのに、製油所が止まるとドライアイスが生産できず、遺体が長期間保存できないのです。

そして、まちには腐臭が充満します。

想像したくもない連鎖。そうした現実からも、目を背けるべきではないのです。

「ヒト」の備えも肝心

こんなシミュレーションを知ると、絶望的な気持ちになるかもしれません。しかし、これは問題を洗い出していった結果分かったことで、私たちはさまざまな枠組みで問題を解決しようとしています。

民間岸壁に向かう航路の対策や、船を「出船」で接岸させるルール、製油所への取り付け道路の対策も、そんな中で出てきました。

一見地味な改善ですが、大災害のときは「やっておいてよかった」ということになるでしょう。他地域の港湾でも今から準備しておいた方がよいと思います。

災害時に重要な役割を果たす車への給油は、高速道路のガソリンスタンドが決め手になるでしょう。一般道路を緊急輸送路にするのは、警察官の数が足りなくて難しいのですが、高速はインターで車を止められるので、災害対応用の緊急輸送路にはもってこいです。高速のガソリンスタンドで優先車両に給油するのは現実的な解決法だと思います。

インフラやモノが整っても、「ヒト」がいなくては意味がありません。

出光の愛知製油所は、組織のトップ3が製油所のすぐ近くに住み、非常時に備えています。荷役技術者、タンクローリーの運転手にもちゃんと活動してもらえるよう、家族のケアも実施するそうです。

また、大阪府岸和田市に本社のあるヒラオカ石油は、「どんな状態でも石油を供給する」という契約を企業と締結。災害時にはタンクローリーの運転手を確保するため、当番制で会社の電話を渡し、30分以内に出動できるよう備えているそうです。退社後も酒は飲まないように求め、その代わりに手当を出しているそうです。

石油の消費が減る中、災害時の契約分を維持しながら、平時の販売を続けるのは相当な経営努力がいることでしょう。大災害に備えるというのは、それだけ大変なことなのです。

「水」も不安要因がいっぱい

続いて「水」の問題を検証してみます。

水はまさに我々の「命」。飲み水として平常時も災害時も欠かせません。一方で農業はもちろん、工業生産のためにも水は大量に必要です。

例えば前出の製油所でも、冷却用水やボイラー給水などのために利用している水は、原油処理が日量15万バレル程度の製油所で毎時約1万トンです（JXTGエネルギー「石油便覧」ウェブサイト版より）。

中部経済連合会らによる約2000社から回答を得たアンケートでは、大規模地震で「電気」の途絶が自社の操業に大きなダメージがあるとする企業が

＊ 緊急時の石油供給を請け負っている石油販売会社は、平時の供給事業もしていますが、平時の事業が安定していないと、経営が厳しくなります。緊急時に備えた事業は苦労も多いようです。

71・9%。これに対して「工業用水」の途絶のダメージを回答しているのは10・5%に過ぎませんでした。これはかなり具合の悪い数字です。水のことを調べれば調べるほど、こんな風に楽観視をすることはできなくなります。

水は複雑です。供給ルートや用途で分けると、上下水道のほか工業用水や農業用水があり、それぞれに管轄している役所は違います。例えば上下水道については厚生労働省、農業用水は農林水産省、工業用水は経済産業省。また、河川を持っているのは国土交通省、ダムや用水を持っているのは水資源機構といった具合です。

上下水道の場合は、上流―下流で、管理者が水資源機構、都道府県の企業庁、市町村と違います。

水へのかかわりでは治水（災害を制御する）、利水（水を利用する）という二つの側面がある上、用途、上流―下流でかかわっている組織が違い、複雑怪奇です。みんな一堂に会して話してくれたら楽なのですが、そうもいかない。既得権益

＊中部経済連合会のアンケートは、南海トラフ地震の被害を最小限に食い止めるのに何が必要かを把握するため、2017年9月～10月に実施しました。

＊用水は、それぞれ下流域の人がつくったものなので関係者の権利意識が強いようです。特に昔の農業用水は公共団体がつくったものではないので難しいですが、古くからある明治用水では少しずつ改善していくきっかけができ始めています。

の問題もあって、正直にしゃべりにくい事情もあるようです。
だから水のことをすべて知っている人は、ほとんどいません。
いざというときどうするか、そこが不安です。

アンタッチャブルだった農業用水

既得権益、つまり「水利《すい》権」の3分の2は農業用水にあります。
水がなければ農業ができず、生活もできません。だから日本の歴史上、水に関する争いは壮絶でした。上流と下流、右岸と左岸の争いがいろいろあり、組合などの複雑な組織同士の権利関係ができて既得権益が多く、いわばアンタッチャブルの世界になっているようです。

農業は水を大量に使います。土の上に水をジャンジャン流して染み込ませる。それもあって、農業用水は、タダみたいなものになっています。農業用水の水

＊「農業」は当初水があるところの周辺でやりました。川から水を引くのは大変です。低い所から高い所に水をあげなければならず、水車を利用しました。川から水を脇に出し用水に持ってきます。知恵が少しずつついてくることでいろいろな場所で水田ができるようになりました。これが新田と呼ばれました。

＊ 宅地化で田んぼが減っても、必要な農業用水はさほど減るわけではありません。宅地化され一箇所だけ田んぼが残ると効率が悪くなります。

の値段は「田んぼの広さ」で決まっているようなのです。

そんなこと、普通は知りませんよね。

「いざというときに農業用水の権利を優先して、工場では燃料も電気もつくれなくて共倒れになるなんて嫌ですよね」と聞いてみると、農業用水の人はこう言いました。

「私たちは上下水道や工業用水は嫌いで、いつもけんかしている。でも、こういう場に来るとちゃんとやらなければと思う。いざというときには農業用水を減らして、工業用水に回すことは、あり得る」——その人はOBだったから言えたのかもしれませんが、それでも少しずつ動き始めるきっかけができました。今までまったくバラバラで話さえできなかったのが、会話ができるところまでは来ています。

農業用水を浄水場を通して工業用水に使う。このことはハード的には不可能でなく、そういう話を普段から準備しておけばいいのです。電話1本でOKと

＊ 農業以外にも水を使うために、新たな水源としてダムをつくって飲み水にしています。もう少し蓄えたものは工業用水に使われています。でも、これらの水は相当に高額で売っています。

名古屋市は早い時期に上水道を引いたので、水利権が結構あるようです。工業用水の水代を高くして、農業用水を安く大量に使っているという構図を知りました。これも、昔から続く大切な農業を維持するためではありますが……。

なるかもしれません。役所の垣根を超える、組織同士の問題です。

工業用水は元が断たれたら終わり

一方で、工業用水自体にも大きな問題があります。

例えば、愛知県下の工業用水は、エリア別で六つに分かれています。それらは全部縦にパラレルで、横につながってはいません。基本的に、用水の間にパイプなどは引いていません。それぞれが完結しているのです。

だから元が断たれたら、終わり。他のところから水をもらうことはできません。しかも一番多く工業用水を使う施設が、水源から一番遠い湾岸にあります。工業用水が末端の埋立地にいかないと、製油所も発電所も、都市ガスや製鉄の工場も動きません。どれも膨大な工業用水が必要なので、遮断されれば燃料も電気もガスも鉄もつくれなくなってしまいます。

電気がつくれなければ、水も浄水できないし、燃料もつくれない。燃料が油

＊ 非常時の水の融通は、知事が調整できるかもしれません。上下水道や農業用水、工業用水で担当する省庁は違っていますが、地域の代表は知事です。

木曽川の上流でヒ素が大量に入って死者が出る恐れがあるということになったら普通は長良川や揖斐川の水を提供します。工業用水がないために燃料や電気がつくれず、人々の生命に危険が生じる事態になれば知事の指示で調整できるのではないでしょうか。

槽所から外に出なければ、水も電気もつくれない。「三すくみ」の状態です。

ぞっとしませんか？　あらゆるものが工業用水に頼っているのに、そのことを私たちは知らなさ過ぎるのです。

水道復旧の現場は悲惨

西日本豪雨では、岡山や島根、愛媛などで浄水場14カ所が被災し、最大27万戸超が断水しました。浄水場の多くは土砂災害警戒区域や洪水浸水想定区域内にあり、大量の土砂が流れ込んで復旧に時間がかかりました。

南海トラフ地震でも、山側では土砂崩れが各地で発生。大量の土砂が河川に流れ込みます。古い用水は相当な被害を受けるでしょう。愛知県企業庁によれば、工業用水は、多くが古い管路で脆弱《ぜいじゃく》です。地震の揺れでズタズタになるか

＊　かつて濃尾平野の工業地帯では地下水をくみ上げていました。甚大な地盤沈下を招き、海抜ゼロメートル地帯も生まれました。

＊　東京都は工業用水道を順次廃止する方針を決めました。都の有識者委員会の報告書によると、工業用水の基本水量はピーク時の17分の1程度。老朽化した設備の更新費用は2328億円が必要で、コストを転嫁すると約8倍の値上げが必要。上水道を使用してもらうのが適当だとしています。

もしれません。災害時の復旧は「4週間以内の平常給水」を目標としているそうですが、1カ月も水なしでやっていける工場や発電所はあるでしょうか？

県営水道では1週間程度で応急給水、2週間以内で平常給水を目指すそうです。ただし、災害時に応急給水する態勢を確保するのは市町村の役割で、企業庁は「支援」する立場。その企業庁の職員数は愛知県の場合、水道で約300人とそれほど多くありません。さらに団塊の世代が抜け、人は減ってきていますす。水道の工事業者もかなり高齢化してきているため、復旧作業を依頼しても、実際にできるかどうか分からないという問題も出てきます。

市町村の現場はもっと悲惨です。名古屋市の上下水道局は上水、工業用水、下水それぞれが独立採算です。災害時、単独で復旧できなくても、全国から応援要請をすぐできる態勢になっていると言いますが、その受け入れをコントロールできるのは数人。情報収集や手配で大混乱しそうです。ましてや、南海

＊ 貯水池から水を配水する配管に漏れがあったら、水が無駄にならないようにバルブを閉めます。その場合貯水池に水があってもすべての配管に水がいかなくなります。

給水ストップエリアに病院があると大変なことになります。名古屋東部の拠点病院は藤田医科大学病院と愛知医科大学病院。両方、愛知県中部水道企業団から水を受けています。もちろん、井戸があれば大丈夫ですが、ポンプアップにも電気が必要。消防の水利もここに頼っています。

トラフ地震では他地域からの応援は期待できません。

水道復旧のスピードは阪神・淡路大震災のときで作業員1人1日当たり0・25件でした。4人がかりで1日1カ所が直せるというペースです。名古屋の近隣の液状化危険度の高い市では、南海トラフ地震で最悪400カ所の水道被害発生が想定されています。実働ペースで復旧に90日、約3カ月を要する計算です。

「3日」の備蓄ではとても足りない

災害現場でよく見かける給水車も、全国で1000台強しかありません。小規模災害では、全国から駆け付けることができますが、超広域災害である南海トラフ地震では、十分な台数とは言えません。

自治体の担当者は、「配水場の備蓄が2週間はある」と言ったり、「家庭の備

＊ 水道事業への民間参入を促す改正水道法が2018年に成立しました。国の認可を受ければ、自治体は公共事業の運営権を民間企業に一定期間売却する「コンセッション方式」を導入できるようになります。
防災対応や、災害復旧のことを考えると、民間運営は不安です。命につながるインフラは効率性ばかりを求めてはいけないと思います。

蓄を3日分はしておきましょう」と呼びかけていたりするそうです。しかし、配水場の水は飲料用としての品質を考えると1週間程度のようにも思います。

さらに給水車不足がボトルネックとなり、市民にちゃんと届けられるどうか分からない。これを解消しないと、家庭の3日分の備蓄ではとても足りないでしょう。

断水が解消しても、下水道が復旧しなければ水を使えません。下水道が使えないとトイレや炊事、生活排水などへのさまざまな影響が長引きます。下水道は汚水と雨水の処理に分かれ、さらに広域処理や市の単独処理、コミュニティ単位、農村単位などでさまざまな種類があります。コミュニティの下水道は厚生労働省、農村下水道は農林水産省、残りは国土交通省の所管で

災害時の給水車からの給水

写真／AFP＝時事

いろいろです。

下水管や雨水ポンプなどは老朽化が進み、順次更新していく必要があります。しかし、下水道普及率が低い地域では新しい整備が優先されます。予算も限られるので、既存設備の耐震化がなかなか進みません。また、下水処理場などの施設は下流域にあるため、津波や洪水で真っ先にやられてしまいます。東日本大震災で被災した仙台市の下水処理場・南蒲生浄化センターの教訓を生かしたいと思います。


下水処理場では下水を沈砂池やバクテリアの入った反応タンクなどを通して処理します。通常は10時間以上かけて処理します。下水を処理できない場合は、消毒して川に放流するのが基本だそうです。残った汚泥は減容化のため脱水や焼却の処理をしますが、焼却処理には補助燃料として重油やガスが必要です。それらが手に入らないときはどうするのでしょうか。

こうした細かいところを詰めていくと、まだまだ検討が必要なのです。

＊　南蒲生浄化センターには東日本大震災時、高さ約10メートルの津波が押し寄せました。主要設備は破壊され、機能不全となりました。

＊　愛知県岡崎市では、4台の消防車のタンクに計32トンの浄水を常に満たして定期的に入れ替えているので、非常時はそのまま給水車になるそうです。
日本のほぼ中心にある岡崎市には日本一はしごが長いはしご車と、水の中も走れる悪路対応車「レッドサラマンダー」が配備されています。国保有ですが何かあったら全国どこへでも行きます。

インフラ総破綻のシナリオ

北海道「ブラックアウト」の教訓

水と燃料、電気などのインフラはそれぞれにつながっていることが分かっていただけたと思います。その怖さを現実に突きつけられたのが、北海道で震度7を記録した地震（北海道地震）でした。

震源地に近い北海道電力の苫東厚真火力発電所が、揺れによるボイラーや

＊　電気は、発電―送電―変電―配電―受電が生きていて初めて送ることができ、どこが途切れても届きません。

タービンの損傷などで停止。これが道内の半分の電力を供給していた発電所だったため、電力の需給バランスが崩れて、他の発電所も一斉に停止、「ブラックアウト」により道内全域が停電する最悪の事態に陥りました。

電気は常に需要と供給のバランスを保つために調整されています。そのバランスが崩れると、発電設備の故障やシステムの異常が起こりやすくなるため、発電所は自動停止されます。北海道では送電網がすべてつながっており、非常時に一部地域を送電網から切り離して広域停電を回避するシステムも機能せず、当時稼働していた全火力発電所に影響が連鎖しました。

北海道地震のブラックアウト

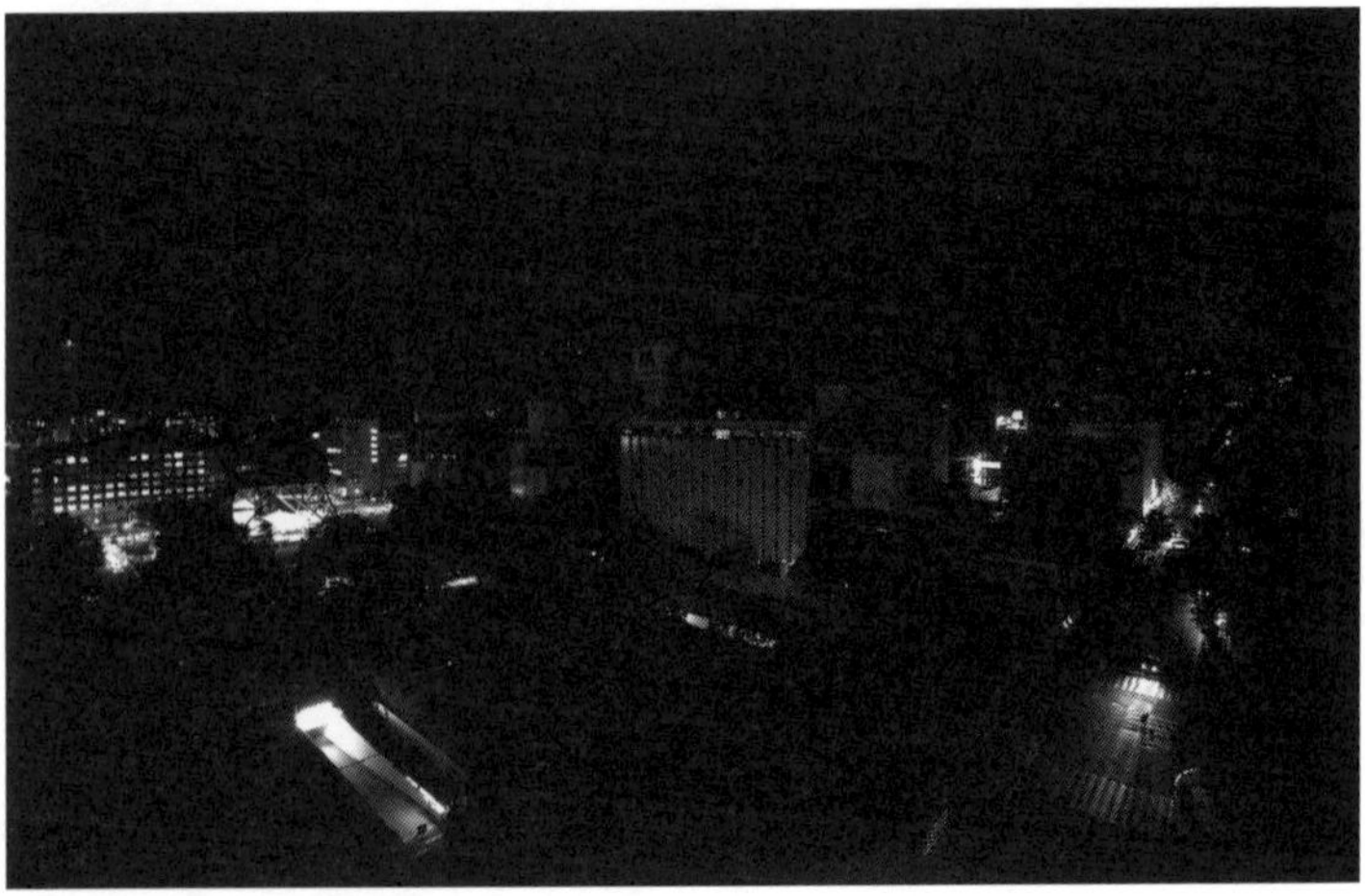

提供／北海道新聞社／時事通信フォト

本州から電力を融通する「北本連系線」も、直流から交流に変換することが停電でできませんでした。そもそも連系線の容量が不十分で、それに頼れば安心というわけでもなかったのです。結局、電力の9割以上の回復には丸2日を要し、その後も節電が呼びかけられました。

北海道電力は、ここまでの事態は「レアケース」だったと言い、他の電力各社も「うちはダイジョーブ」だと言います。

本当にそうでしょうか。

確かに、一つの火力発電所に大きく依存しているのは北海道電力だけですが、中部電力の火力発電所は伊勢湾、三河湾岸に集中し、関西電力の火力発電所も大阪湾岸などです。すべての火力発電所が強い揺れで緊急停止したり、津波被害を受ければブラックアウトになりかねません。九州電力は、原子力発電は潤沢ですが、火力発電が不足していますから自然エネルギーの利用に限界がありアます。また、電力会社間の連系線も複線ではないので余裕が十分にあるわけではありません。

東日本大震災では、電力不足で計画停電を行いました。ですが、東京電力は原発事故は別にして、壊れた電力施設は限定的でした。東北は日本海側からも送電できましたし、津波被害で電力需要が減ったという事情もありました。

しかし、東北地方北部の配電がストップしました。宮城県中部にある変電所を中心に、東北北部と南西部とで「8」の字を描くようにループ状（輪のよう）に送電線が結ばれていました。ループのどこかが切れても別のルートで配電できる仕組みです。

地震の揺れでその変電所近くの「8」の字の真ん中の送電線や一次変電所に多数のショートが同時発生しました。設備をいったん遮断したため、普段は連続している北部と南西部の送電網が、その変電所を境に分離してしまいました。発電所のある南部は大丈夫だったのですが、需要の多い北部に十分な電力供給

＊ 九州電力は原子力に頼って発電の多様性がありません。変動が大きい自然エネルギーには、不足分を補う火力発電が必要ですが、火力が少ない。大地震が来たら原子力は止まります。こうしたときに自然エネルギーが頼りですが、火力という支えがないから十分に使えません。関西電力も火力が少ないと言えます。

ができず、需給バランスがくずれて停電が北半分に広がってしまったのです。

つまり、発電所そのものは生きていたのに、「8」の字の結び目であった変電所が「ボトルネック」となり、全体に影響したケースです。

ボトルネックはどこに潜んでいるか分からない例だと言えます。

停電は「最低2週間」覚悟せよ

南海トラフの影響が想定される市町村には、約150カ所の発電所が立地しています。火力発電所だけでも、出力合計は約1億キロワットもあり、複雑な送電網で結びついています。激震地、あるいは沿岸の発電所が津波で同時にやられれば、北海道と同様、発電所が連鎖的に停止するでしょう。

被害の小さい地域は、変電所の点検や復旧にともなって徐々に電力供給が戻

＊ 愛知県幸田町は太陽光発電による防災対応システムを導入しました。災害時の役所機能維持のために使います。災害時に役所が動かないと大変なことになります。

り、3日程度でほぼ回復、揺れの大きいところでも1週間程度あれば9割までは復旧すると見込まれています。

しかし、発電所が被害を受ければ長期的に影響が続きます。地震に強いとされる送電線がバッサリと切れた場合などは、3週間から1カ月程度はかかるようです。発電所から遠い内陸の県の復旧は遅れます。

他社からの応援融通も、うまくいくか、やってみないと分からないでしょう。よく知られていることですが、電力は新潟県の糸魚川と静岡県の富士川を境に東が50ヘルツ、西が60ヘルツという周波数の違いがあります。その変換量はわずか120万キロワットです。将来的には300万キロワットまで増強される予定の

南海トラフ影響市町村と火力発電所、原子力発電所の立地

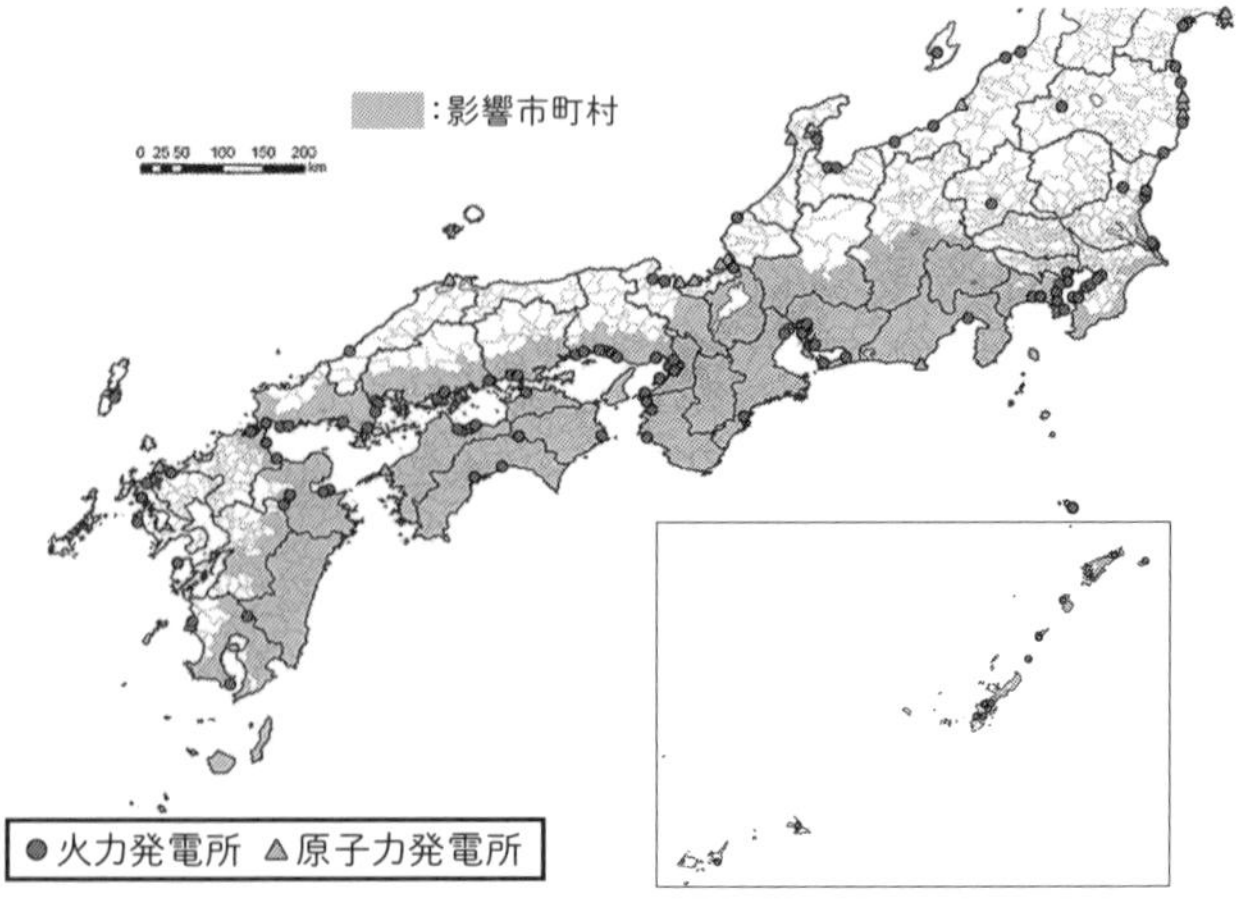

出典:内閣府　防災情報のホームページ
http://www.bousai.go.jp/jishin/nankai/taisaku_wg/5/pdf/3.pdfの図を加工して作成

ようですが。

南海トラフ地震では60ヘルツエリアがやられます。50ヘルツエリアの東京電力から持ってこないといけませんが、周波数変換装置の容量は十分ではありません。これがボトルネックになる可能性は否定できません。

電気を流す配電施設と、電気を受ける受電施設を直す業者は同じです。人手は限られる上に、優先されるのは配電の方なので、中小企業が利用している低圧受電の修理は後回しにされてしまうでしょう。

高圧電源を直接受電している大規模工場の復旧も、意外と遅れるかもしれません。受電設備が古ければ、建物が早く直っても受電できないことがあり得ます。

「南海トラフによる停電の復旧は最低2週間かかると認識を改めてほしい」

＊　電気は発電所から、変電所を通してだんだん電圧を落として一般家庭に行きます。大工場は「特高」の送電線で引き込んでおり、これは耐震安全性が高い。電圧が低くなるに従って安全性は低くなります。

これが電力会社のホンネの声だということが分かりました。

しかし、中部の2000社アンケートでは、多くの企業が「2〜3日」で電気は元に戻ると考えていました。

燃料の話でも水の話でも「3日分の備蓄があれば大丈夫」ということが言われていますが、それは甘い見通しだと思います。電力の「3日で何とかなる」について私は、楽観的過ぎると思います。

一般に「3日」と言われているのは、阪神・淡路大震災のとき、電気が2、3日で復旧したことと、消防法の規定上、3日以上の非常用燃料の保管が難しいことに由来するのだと思いますが、現実は明らかに違います。

「停電の復旧は最低2週間を覚悟する」を重く受け止める必要があります。

ガスも「水」に左右される

次にガスを見てみましょう。

＊ 熊本地震では電力各社が約170台の高圧発電機車を投入し仮復旧をしました。トイレ、食事、水、寝室などを備えた1週間寝泊まりすることができるサービスカーとセットで動いたそうです。

私たちが使っているガスには都市ガスとプロパンガスがあり、都会ではガス会社が導管網を利用して都市ガスを供給しています。現在の都市ガスの主な成分は天然ガスで、液化したＬＮＧ（液化天然ガス）をタンカーで輸入して湾岸のタンクに貯蔵、気化させて天然ガスに戻します。さらに、熱量調整のためＬＰＧ（液化石油ガス）を加えたり、漏れたときすぐ分かるように臭いを加えたりして都市ガスを生産します。

＊ 名古屋港にはＬＮＧタンカーは年間約１００隻入港します。発電や都市ガス用に、１週間に２隻。在庫は２、３週間分です。冷凍され地下タンクなどに液状で保存されています。長期に停電すると保存ができなくなり、気化させるしかなくなります。

生産されたガスは、徐々に減圧しながら、高圧ガス導管、中圧ガス導管、整圧器（ガバナ）、低圧ガス導管、ガスメーター（マイコンメーター）、内管、ガス器具……と供給されます。

阪神・淡路大震災では、86万戸のガス供給が停止。大阪ガスの社員を中心に、人員あわせて約９７００人で復旧するのに94日を要しました。実に3カ月間です。

この甚大な被害を教訓に、ガス会社は精力的に地震対策を施しました。

一つは地震被害を減らすハード対策で、折れにくいポリエチレン製のガス導管や、震度5程度の揺れで自動的にガスが止まるマイコンメーターを各家庭に導入しました。

また、供給エリアをブロック化し、そこに地震計を多数設置しました。震度6程度の揺れを感知したブロックは自動でガスが遮断されるようにしました。

これにより、供給ストップのエリアを、強く揺れた最小限の地域に限定して、復旧工事も効率的にすることができます。災害時には日本ガス協会を通して全国のガス事業者が復旧支援をする相互応援体制も整備されました。

供給ストップのブロックでは、整圧器（ガバナ）を遮断してガス供給を停止した後、ガス会社の担当者が各戸のメーターガス栓を閉栓して回ります。

次に、ブロックをさらに細かく分割した、小ブロックごとに導管を調べ、ガス漏れしているところがないかを調べます。

＊ 東京ガス、大阪ガス、東邦ガス、西部ガスは大きな会社ですが、ガス会社には小規模な会社が多いので、日本ガス協会が中心となり小規模の会社を支援し、対策を進めていきました。

小ブロック内の修理が終わったら、製圧器を再稼働します。その後、各戸を巡回して家の中の管などの点検をしてから、各戸のメーターガス栓を開きます。全戸の顧客を巡回する……。気の遠くなるような仕事です。危険物であるガスをすべての家に安全に届けるため、どうしても必要なことです。

2018年6月の大阪北部地震のとき、「大阪ガスの復旧が遅いことについてコメントしてください」と言って取材に来た記者がいました。

「ガスの復旧は1週間で、メチャクチャ早かったと思います。褒めてあげなければいけない。阪神・淡路大震災の教訓から大阪ガスは地震計を入れて、今回は止めるブロックを2ブロックだけに留めた。これ、知っていますか」と私。

記者は知りません。「みんながガスの復旧が遅いと言っていたのですが……」。記者は予定していたストーリーを代えて記事にしたようです。

地震の後、ブロック遮断方式のおかげで、大阪ガスは全164ブロックのう

＊ この記者は大阪ガスを責めたかったのかもしれません。もちろん、災害後、インフラの復旧について問題点を追及しなければいけません。でも、結論ありきの批判記事は、いただけません。

ち、２ブロックだけでガスをストップしました。２ブロックとはいえ11万２０００戸です。全国からの応援の２７００人を含めた最大５１００人が１週間で各戸を回り、復旧させました。

「１週間は時間がかかり過ぎ」という見方もありますが、過去の地震災害に比べれば、これでも早い方と言えるでしょう。

南海トラフ地震では、ほとんどのブロックが震度6以上の揺れに見舞われるので、相当期間の供給停止が見込まれます。

さらなる不安要素は、実は「水」です。ガス管の修理は、水道の修理が終了してから行うのが基本。水道の修理が終わらないと、水や土砂がガス管に流入して危険だからです。そうなるとやはり3カ月……。いや、それ以上、という地域が出てきます。

各自でカセットコンロの準備など、日頃から困らないような準備をしておくしかないでしょう。

関空の「孤島化」はそもそものリスク

大阪北部地震、北海道の地震に続き、2018年9月、関西地方を襲った台風21号では、交通や物流の問題があらわになりました。

関西国際空港の滑走路などが浸水。空港島と対岸を結ぶ連絡橋にタンカーが衝突、電車や車が通れなくなり、「孤島」と化しました。あの程度の事故で橋げたが動いてしまうような橋の構造には疑問が残ります。たった1本しかない橋はもっと頑丈にしなければいけません。

物流は多重化されていない道路が途絶えると、その瞬間に孤立します。関空の「一本道」は、もとから抱えていた大きなリスクでした。

連絡橋が止まると、搭乗客はもちろん、従業員も出社が大変だったはずです。人がいなければカウンター業務も飛行機の整備もできない。そもそもヘリコプターと違って、長い滑走路が必要な飛行機は、空港が閉鎖されると離着陸ができません。

関空の利用客数は年間2880万人。国際貨物量は年間83万トン、貿易額は輸出入合わせて10兆円近くに上ります。それほどの国際物流拠点の機能が麻痺してしまうのは、関西経済はもちろん、日本経済全体にも大きな痛手です。

私たちの論議でも、「空港の問題」は取り上げられました。関西空港と同様、海上空港の中部国際空港は、土地は空港会社と愛知県企業庁がもっています。道路は建設業者が出資した団体が管理し、鉄道は名鉄、空港の中には3000事業者の1万人がいます。パズルのように組み合わさった組織には安全を管理するリーダーが決まっていません。

管制塔が壊れたら移動管制塔をもってきますが、これは日本では羽田空港と伊丹空港に二つしかありません。

関空と同じようなことを繰り返さぬよう、ほかの空港も万全の対策を施すべ

＊ 台風による関西空港の孤立も、北海道地震による550万人の北海道民孤立も孤立の恐さを見せつけました。いずれも他との接続が1ルートしかなく、ここがボトルネックとなりました。

経済性や効率性が重視される現代社会では、日常を重視し、非日常に目をつぶりがちです。本来はボトルネックを解消するため、接続部分を強化したり、迂回ルートを考えたり、孤立しても籠城できる自立性をもつなどの対策が必要です。

国際空港や電力供給のように、機能停止すると計り知れない影響が波及するものについてはなおさらです。

きです。幸い、中部国際空港の連絡橋は鉄道と道路の2本。浅い海のため、船はぶつかる前に座礁するようです。

トラックと建設業界の不安

道路交通の問題は重要なので、企業や行政の人々にいろいろ話を聞きました。そこで分かってきたのは、トラック業界や建設業界の問題です。

昔は直接、車の大型免許が取れましたが、今は普通免許取得後3年の経験を経た人だけが大型を取れることになりました。そのため、新人が採用しにくい状況になっています。さらに労働時間の管理が厳しくなり、収入も減ったので、運転手のなり手がいません。「トラック野郎」がカッコよかったのは、昔の話になってしまいました。

そんなトラック業界が、市町村や企業と、複雑な災害時協定を結んでいます。

一つの業者が複数の機関と応援協定を結んでいることが多いという実態も分かってきました。協定は本当に実行可能なのでしょうか。

がれきで埋もれた道路を重機などで切り開くのは、行政や自衛隊の他は建設業者です。しかし彼らは今、自前の重機をあまり持っていません。レンタル、リースが増えています。

そのレンタル、リースの業者の方々は、津波の来そうな具合の悪い水辺に機材置き場を設けている場合も多いようです。津波で一つの業者がやられてしまった場合、他の業者がカバーできるような連携態勢が整えられているでしょうか。

被災地で重機が必要な場合、被災地内では行政優先のため、民間が借りるのは難しそうです。被災地外で調達して、被災地へ輸送するようなロジスティクスを平時から検討しておく必要があるでしょう。

こんな不安から、「自前で最低限の重機を保有しなければいけない」と考え

＊ 道路交通の復旧で障害になりそうなのは、路上に放置された膨大な車です。最近はキーレスの車が増え、災害時にカギをつけずに残された車が多く、移動に苦労しそうです。

＊ 災害発生後、新しい情報の入った詳細な地図が重要な役割を果たします。災害前の建物、道路、橋などが地図化されていないと現場対応が遅れます。土砂崩れや建物倒壊の有無を知ることが初動の第一歩です。

る建設業者も出てきています。

被災後の道路の啓開（障害物を取り除き通行できるようにする）は危険と背中合わせです。国土交通省のルールは「津波警報発令中は津波浸水の恐れがあるエリアには近づかない」となっていますが、警報解除を待っていると救命救助ができなくなります。東日本大震災のときに苦渋の判断がされたのではないでしょうか。

危機一髪の状況下で展開する啓開の目的は人命救助ですが、「インフラ救助」も必要です。電気や水の途絶は人命に大きくかかわるからです。

最初、お役所は人命救助以上に話を広げるのに大きな抵抗があったようです。しかし、話し合っているうちに「初動の3日間は人命救助を第一とするが、1週間や10日後を見越したとき、エネルギー拠点や支援物資が送られる物流拠点までルート確保されなければ、地域として影響が大きい」「新たな道路啓開計画を立てるために産業界の声を参考にしたい」との発言も出てくるようになり

＊ 運送会社の多くは、トラック用の軽油の備蓄はしていないようです。発電機燃料を数日分備蓄していても、停電がこれを超えると顧客データも見ることができなくなります。災害発生時に安否確認ができるトラックも多くはないようです。

ました。

富士山噴火ですべてマヒ

最悪のシナリオは東西の幹線のマヒです。日本にとって大きなダメージになります。東名高速は静岡県の由比の辺りがボトルネックになりそうです。第2東名は内陸を走っているので基本的には津波の影響はなく、耐震性はあります。でも、崖が多く、土砂崩れの恐れがある。特に富士山以東は崩れやすい火山堆積物が覆っています。たくさんあるトンネルの入口と出口は大丈夫でしょうか。崖が上から崩れてくる恐れがあります。計画中のリニア中央新幹線は、富士山が噴火したときに山梨県の地上に出ているところが心配です。

今の体制ではとても追いつかない想定ですが、日本の東西の交通網が長期間にわたって途絶してしまうケースもあります。

＊ 南海トラフ地震が起きた後は、「富士山は大丈夫？」ということになると思います。現時点ではあまり論議されていません。

南海トラフ地震の前後に、富士山が噴火するような事態――。こんなシミュレーションもできます。

ドドーン!

富士山北東側の斜面から、轟音《ごうおん》とともに黒煙と火柱が噴き上がりました。震動はこの2日前にあった東海地震と変わらないほどの衝撃で、静岡から四方八方に伝わっていきます。噴石は屋根を貫き、爆風はビルのガラスを粉々に。地震の揺れで傾いていた家屋は、噴火の衝撃で完全に倒壊しました。

富士山の象徴だった白い頂が崩れ落ち始めました。「山体崩壊」です。大量の土石流が、北東側の斜面を猛スピードで下り落ちていきます。木々をなぎ倒し、自衛隊の演習場ものみ込まれます。山中湖にまで達します。高速道路は地震による路面のひび割れや土砂崩れですでにズタズタ。その上、

火山灰で復旧作業もお手上げ。東西の主要交通は完全に寸断されます。

上空を覆った火山灰は、西風に乗って関東に流れ込み、東京都心にも到達します。道路は雪が積もったようになり、車はまったく動かせません。降り積もった厚さは10センチ近く。東京はまさに灰色の街になり、すべてがストップしました……。

富士山は有史以来、少なくとも10回は噴火を繰り返しています。その間隔は必ずしも一定ではありませんが、８６４年の貞観の大噴火では23年後に南海トラフで仁和地震がありました。

江戸時代の１７０７年に起きた南海トラフ地震である宝永地震では49日後に富士山の噴火が発生しました。真っ赤な火柱とともに湧き上がった噴煙は上空約20キロメートルまで上昇。大量の火山灰は西風に乗って空を黒く覆い、江戸の街はもちろん九十九里浜沖にまで降り注ぎました。

南海トラフ地震と富士山噴火が連動するのは、まったく想定外ではないのです。

そのとき、日本は完全に分断されてしまいます。

通信はケーブルが「命綱」

交通に続いて重要なのが通信。災害時の連絡手段や情報を得るため、スマートフォンや携帯端末は今や「命綱」でもあります。

しかし、通信にも大量の電気が必要です。

最近の被災地では、スマホを充電するため、臨時の電源に長蛇の列ができます。通信の基地局なども同じ事情です。非常用発電機まではあっても、燃料供給のシステムがなければそこで終わり。東日本大震災のときは、燃料を運ぶタンクローリーが足りずに稼働できない携帯の基地局が少なくありませんでした。

膨大な電子情報を保管する「データセンター」は装置が発熱するため、しっかり冷房しておかないといけません。これには大量の電気と水が必要です。このため冷房代が少なくてすむ北海道に多くのデータセンターがあります。

北海道の地震では、石狩市にある民間のデータセンターで一時サービスが停止しました。停電時の電源装置に障害が起きたからだそうです。

非常用発電機は48時間分の重油を備蓄していましたが、それだけでは足りない見込みとなり、石狩市や国も重油の確保を支援しました。

それだけ重要な施設で、ヒヤヒヤな状況だったわけです。非常用電源以外に太陽電池や蓄電池、燃料電池、地下水も使えるようにするなどの対策が求められるでしょう。

無線通信の時代ですが、実際は物理的なモノで支えられています。

携帯の基地局間は光ファイバーケーブルで接続されており、切れたら終わりです。

＊ 通信会社には災害発生後、72時間、通信途絶がないように備えているところがあります。72時間を超えると被災者の生存確率が落ちるということと関係があるかもしれません。

＊ 通信会社の地域拠点ビルから域内に電波を出す「大ゾーン基地局」を備えている通信会社もあります。普段はビルの屋上や電柱に設置されている基地局を使っており、大ゾーンは非常時の「保険」です。出力が大きく電波を広く出せます。災害時優先電話は繋がる確率が高まります。

主要な光ケーブルは地中に埋設されているので、地盤がずれれば切断されます。その断線を直すのに1カ所でも2、3時間はかかります。細く見えても内部に100芯ぐらいのファイバーがあり、それを1本1本つなぎ直さなければなりません。

世界中を網の目のようにつなぐインターネットは、交通網における高速道路や新幹線と同じように大規模な主要幹線があります。「バックボーンネットワーク」と呼ばれる大容量のデジタル回線です。

これが寸断されてしまうと、インターネットも止まってしまいます。特に重要な連絡手段である電子メールは「jp」や「nagoya-u（名古屋大学の意）」など、何重もの「ドメイン」と呼ばれる記号で管理されています。それらのドメインを扱うデータセンターが被災したり、周辺の光ケーブルが切れたりしたら、メールが届かなくなって大混乱が発生するでしょう。

＊ 東日本大震災のとき、基地局の電池が3時間しかもたず、NTTドコモは自家発電を整備しました。NTTグループはタンクローリーも保有しています。

＊ 企業や行政が情報交換する前は、みんな大災害が起きてもインフラは大丈夫と勘違いしていました。ダイジョーブでないことに気付いたのが最大の成果です。

＊ インターネットで二つのプロバイダーと契約していても、ケーブルが同じ電柱を通っていると、倒れたら両方ダメになります。交通と同じで、「多重ループ化」が必要です。衛星系の通信やアマチュア無線も有用です。

今は日本でも北海道から沖縄まで、バックボーンネットワークが張り巡らせており、その中継施設には無停電電源装置や消火設備などが整えられているそうです。

ネットの重要性がますます高まる中で、万全の備えは不可欠です。

検討して分かったのは、固定電話や携帯電話、衛星通信、社内LANなどをトータルでコーディネートできる人がほとんどいないこと。通信はそれぞれ高度に発達し、専門分化してしまいました。

結局は利用者が勉強して、複数回線を契約するなどの自衛手段をとらなければいけないようです。

北海道地震のときのバッテリー難民

写真／時事

製造業の楽観的ＢＣＰ

中部地方に集積する自動車産業。ある工場では１台５００万円を超える高級車を生産しています。工場が１日停止すると、完成車だけで50億円の損失が、部品を含めると１日当たり１００億円の損失が発生します。

そうした膨大な損失を出さないため、自動車産業各社もＢＣＰ（事業継続計画）をつくっています。それは発災後「30日」で優先車種の生産を再開するという計画でした。

「30日」という数字は、海外の生産ラインも含めて在庫が１カ月分だというところから来ているようです。海外の生産に影響を出さない、ぎりぎりの日程です。しかし、そのためには電気や水が３日で回復し、従業員は下請けに至るまで人的被害がなく、無事に工場などに駆け付けられることが前提です。

しかし、これが現実的にとても難しいことだということは、ここまでの検証でお分かりになるでしょう。

なぜそんな計画ができるのでしょうか。

ＢＣＰを立てるときに、ライフライン、仕入先や物流などのサプライチェーンまでを考慮に入れていないからです。もちろん目標を立てることは大切です。みんなが目標を達成するために力を合わせることができますし、障害を取り除く道を拓けるからです。

一般に管理部門は現場の担当部署との連携が十分でなく、自分の見える範囲が狭いようです。そのため工場で何が問題となり、どう対処しているか十分に把握できていません。結果として、現実に即さない対策になりがちです。

それはどんな業界も似たようなものです。

中部２０００社アンケートによると、ＢＣＰができているのは大企業で57％、中企業で17%、小企業では4%に過ぎませんでした。上ができていても、下がまったくできていない。小企業発の破綻が想像されます。これは下が悪いというだけでなく、上もちゃんと考えていないからです。

「オンリーワン」から広がる危機

産業とは、一つの元請けを頂点に無数の下請けへと広がるピラミッド構造が想起されます。その場合、もしピラミッドの底辺の一つがダメになっても、他で代替できれば大丈夫です。

しかし、実際は下請けの一つの会社だけが手がける「オンリーワン」の部品があります。「ダイヤモンド構造」のようになっていて、一つの部品工場がダメになると、日本中が全部ダメになるのです。そうした例は新潟県中越沖地震における ピストンリング工場や、東日本大震災時の半導体工場など少なくありません。

＊ 中経連のアンケートでは大震法については65%が「知っている」、32%が「知らない」と答えました。過去の南海トラフ地震の具体的な時間差については45%が「知らない」、14%が「知っていた」としました。

＊ 中小企業は技術的に「オンリーワン」であることに値打ちがあります。災害時用の「代替工場」を認めたら負けになってしまうかもしれないという難しい問題はあります。

にもかかわらず、２０００社アンケートでは、他社との協調した対策を「実施の予定なし」としている企業が6割前後。

企業はライフラインやサプライチェーンについては全体を俯瞰できず、集団的な地震対策ができていないことが分かりました。

サプライチェーン対策も設備の耐震化なども、それぞれにお任せ状態となっており、中小企業のほとんどが未対応というのが実情です。

こうした悪循環を断ち切るためには、個別にやっていてもダメで、サプライチェーン全体で取り組みを促進する必要があります。

後ろ向きの防災対策だとお金もかかり、うまくいきません。企業として価値がプラスとなる防災対策になるよう、国が大胆な税制優遇などをして、てこ入れをしなければならないでしょう。

＊ 中経連のアンケートで「防災・減災対策として国に望むこと」を聞いたところ、63%が「災害時のインフラ（電気、ガス、工業用水、道路等）の被害予測、災害後の復旧状況等の情報提供」、42・6%が「国による補助金の交付」、31・6%が「耐震化等の設備投資をしやすくする減税等の優遇税制」を挙げました（複数回答）。

修羅場と化す病院

最後に、命を守る「砦」である病院の実態を見てみます。

病院関係者によれば、阪神・淡路大震災の際、仮に通常通りの治療ができていたら500人ほどの命が救えた可能性があるそうです。しかし、実際は各地の病院が大混乱し、救える命も救えませんでした。

南海トラフ地震が起きた場合、今のままでは「圧倒的にリソース不足」だと病院関係者は言います。東海地方の4県で、震災時に搬送が必要と想定されるのは3万5000人。しかし、どれだけ頑張っても1日で運ぶことができる限度は1万人程度。

広域搬送のためのヘリや車両は不足。救急車も1台で2人を運んだとして、この数字です。

阪神・淡路以降に整備が進んだ災害拠点病院でも、手術室や夜間の医師数が圧倒的に足りなくなるでしょう。医療に不可欠なのは電気、水、燃料と酸素。どれが途切れても、病院はまさに修羅場と化します。

そんな状況下では、外来診療や手術をストップして、救急医療に絞るという選択も迫られるでしょう。その判断を誰ができるでしょうか。コンセンサスは平時にとっておかなければなりません。

しかし、病院の中で災害時のことを常に考えているのは、救命救急の人たちだけ。大きな病院ほど、病院としての総力を結集することが難しくなります。

今の医師は検査機器がないと何もできません。「検査して治療しないと医療事故が起きたとき責任をとれない」と言います。災害時と平時では求められる治療のレベルは違うと思います。

病院幹部と南海トラフの話をしていると「災害時でも最高レベルの治療をしたいが検査機器がないとできない」という人もたくさんいます。環境の整った

＊ 病院では医師と看護師、検査技師、事務職員といった職種を超えたコミュニケーションができていないことが多いように思います。病院としての総力結集が課題です。

ところでしか治療しないというのです。「そんなことをしていたら全員が死んでしまう」と言うと「そうなんですが……」。

骨折していることは分かっているのに、きちんと検査して詳しい場所が分からないからと言って手当をしないのでは困ります。大災害のときは「赤ひげ」でよいのです。検査機器がなくてもメスだけで少しでもできることをやるべきではないでしょうか。野戦病院のように、電気のない中でもメスをとれる医師が必要です。

こうした中、名古屋市の名古屋掖済会《えきさいかい》病院は病院をあげて災害対応を考えています。

名古屋市南西部に位置し、1959年の伊勢湾台風では本館内も浸水。外部とはボートやいかだで行き来しながら400人以上の患者らの診療に当たったった経験があり、港湾関係者のため災害には前向きに対応するようになりました。

＊『赤ひげ』は1965年、黒澤明監督の映画です。江戸末期、小石川にあった養生所（救済病院）の所長、新出去定が貧しい人々の病気を治療する様子を描きました。新出役は三船敏郎で大ヒットしました。原作は山本周五郎の小説『赤ひげ診療譚』です。

１９７８年に東海地方第一号の救命救急センターを開設。１９９６年には愛知県から災害拠点病院の指定を受けています。

浸水想定地域の病院として、救急病棟などの自家発電機の準備や燃料備蓄をはじめ、病棟や検査室などの機器固定と家具止め、酸素や医薬品、食料の備蓄、井戸の造設、患者を階上に引き上げるためのエアーストレッチャーも配備。浸水が来るまでの病院職員の避難や動きを定めた初動マニュアル、浸水後の機能継続のためのＢＣＰもしっかりしています。

ユニークなのは、津波や浸水、液状化などで被害が想定される地域の施設とともに、病院の名前に引っかけて「液状会」という組織をつくって情報共有をしていること。

病院周辺が浸水しても、まずは患者や職員の命を守り、次に入院患者だけでも病院機能を継続、地域の中で早期に往診や外来を復活させられるように備えを進めているそうです。

＊ 名古屋掖済会病院は６０２床の病室すべてのベッド脇にある可動の棚（床頭台）をはじめ、病棟の精密医療機器など計１０００カ所ほどを家具止めしています。名古屋市の補助金を使って整備した井戸は地下１５０メートルから毎秒25リットルの水を組み上げ、非常時だけでなく普段から活用しているそうです。

弱みを逆手に取って、みんなで解決し合って乗り越えようという、ホンネの会のような雰囲気を感じさせます。

企業や役所とホンネで話して分かったことは、二つあります。

一つは、現代の社会機能が相互に依存し合っていて、全体像が把握できないこと。

もう一つは、複数の組織が絡み合うと、ボトルネックが見落とされてしまうことです。

それらの弱点をカイゼンさせる動きもどんどん出ています。しかし、災害はこれまでの私たちの経験や知見を超えて、襲いかかってきます。

新しい時代に求められるのは、常識を疑い、先入観を捨てて社会の総点検をすることです。

4章
それでも東京に住みますか

リスクだらけの首都、東京

世にも不思議な首都圏の地下構造

日本列島が乗っている陸のプレートの下には、海のプレートが潜り込んでいます。陸のプレートはひずみながら持ちこたえているのですが、「我慢の限界」が来ると二つのプレートが接している境が滑ります。これがプレート境界の大地震です。ただ、そんなに話は単純ではありません。太平洋プレートが陸のプレートに潜り込んでいるだけで、構造は単純だと思われていた東北でも、地震

＊　フィリピン海プレートは年4〜6センチ、太平洋プレートは8〜10センチの速度で陸のプレートに潜り込んでいるといわれます。南東からフィリピン海プレートが押していますが、日本列島は東から押されている成分が多いといえます。東西圧縮という言い方をします。

の理解は十分ではありませんでした。

　それまでの地震学では、東北地方は同じ規模の地震が繰り返し何度も起きると考えられていました。しかし、東日本大震災でそれが覆されました。

　小さい地震が何度か続く間に中くらいの地震が来て、さらに一回り大きい地震がときどきあって、ごくたまにもっと大きな地震が来る……。そんなふうに地震の起き方に「階層性」があるようです。

　一番大きい地震が５００～６００年に１回起こるのです。東日本大震災や８６９年の貞観地震がそれに当たります。小さい地震は30年に１回、その中間ぐらいの地震が１００年に１回といった具合です。大、中、小が別々のタイムスパンで起こっています。東北のように単純な構造で、最もよく地震が起こるところでも、最近になってこんなことが分かりました。


　南海トラフ地震を引き起こす南海トラフは、もともと東北地方より複雑な要

＊ 南海トラフ地震については「ほぼ100年に1回」と言われてきたのは間違いかもしれないという説があります。例えば、昭和東南海地震を安政東海地震の「滑り残り」と見るか、独立した地震と見るかで、繰り返しの間隔は変わってきます。100年間隔かもしれないし、200年間隔かもしれません。

因を持っています。

じゃまするものがない四国沖辺りの南海トラフでは、フィリピン海プレートがズルズルと下に滑っていきます。ところが東の方（伊豆半島から駿河湾の辺りは駿河トラフといいます）では、伊豆半島が「つっかえ棒」みたいになっています。この半島がじゃまをして、なかなか下に潜っていけないのです。ですから、西側の方が静岡周辺の倍ぐらいのスピードで潜り込んでいるようなのです。

伊豆半島はフィリピン海プレートに乗って、太平洋を移動して日本列島にぶつかってできた半島です。今も、陸のプレートをギュンギュン押していて、富士山や箱根の山が噴火する原因にもなっています。

そんな伊豆半島の存在一つで、地震の起き方がずい

南海トラフと駿河トラフ

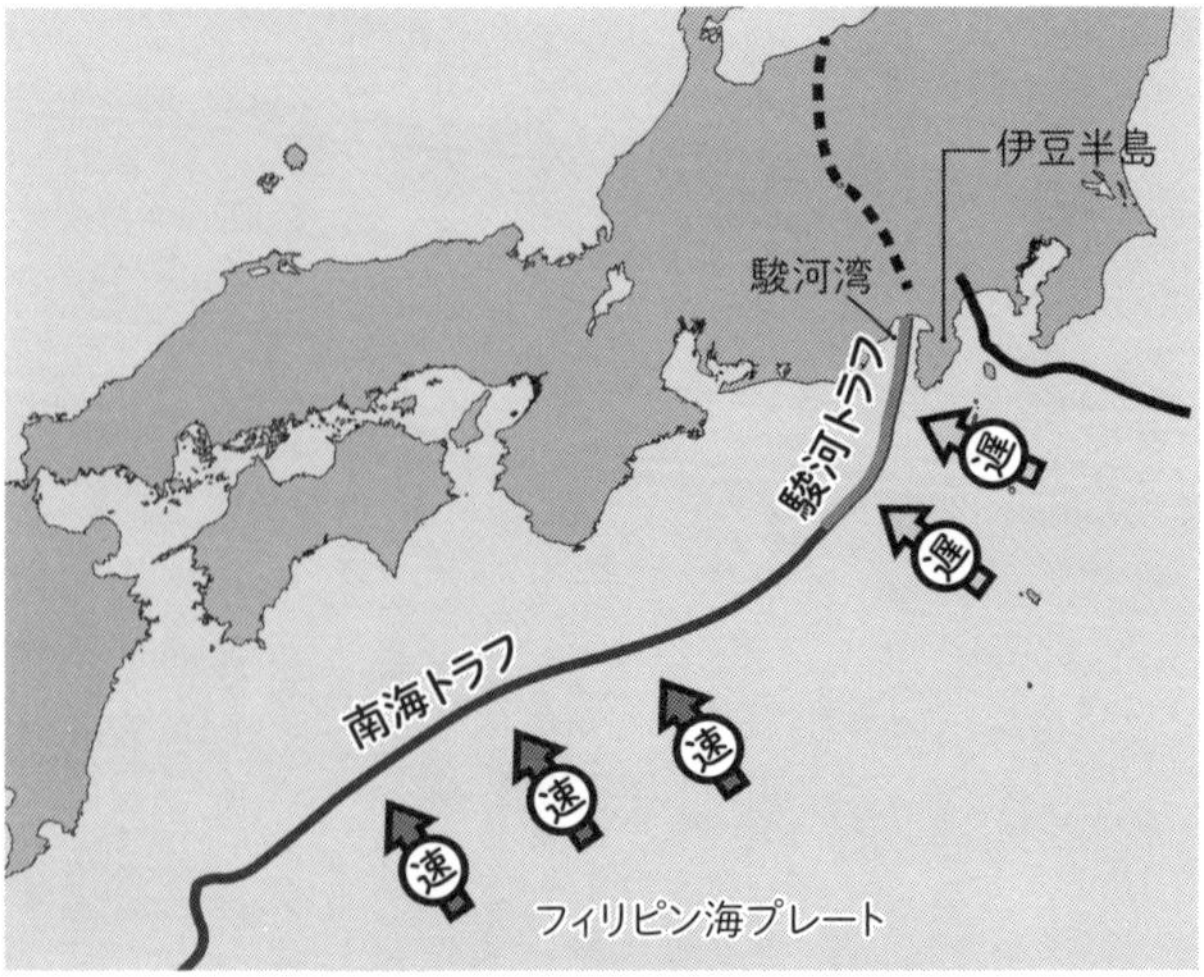

ぶん複雑になってしまうのです。

しかし、世の中にはもっとワケの分からない場所があります。他ならぬ、東京を中心とした首都圏です。首都圏の地下は世にも不思議なプレートの「三重構造」。この構造はまだあまり分かっていないようです。

＊ 富士山の噴火口は、南東から北西方向に一直線に並んでいます。伊豆半島に押される方向に平行しています。

東京はベルトコンベヤー上のプリン

三重構造とは三つのプレートが重なり合っているということです。日本列島の土台の陸のプレートの下には、海のプレートが潜り込んでいます。東日本では北米プレートの下に太平洋プレート、西日本ではユーラシアプレートの下にフィリピン海プレートがそれぞれ潜り込んでいます。

しかし、関東付近の海底は太平洋プレートとフィリピン海プレートの端っこにあたり、両方のプレートがダブルで潜り込んでいるのです。南東からフィリピン海プレートが入り込み、その下に太平洋プレートが東から沈み込んでいます。

首都圏は、地中深くに地震を引き起こす二つのベルトコンベヤー（フィリピン海プレートと太平洋プレート）がズルズルと動いていて、その上に関東地方の土台（北米プレート）があるという三重構造なのです。さらに土台の上には火山噴出物の関東ローム層やプリンのように柔らかくてよく揺れる沖積層が分厚く覆っているというイメージです。

この構造は、複雑であると同時に、地

関東地方のプレートと地震

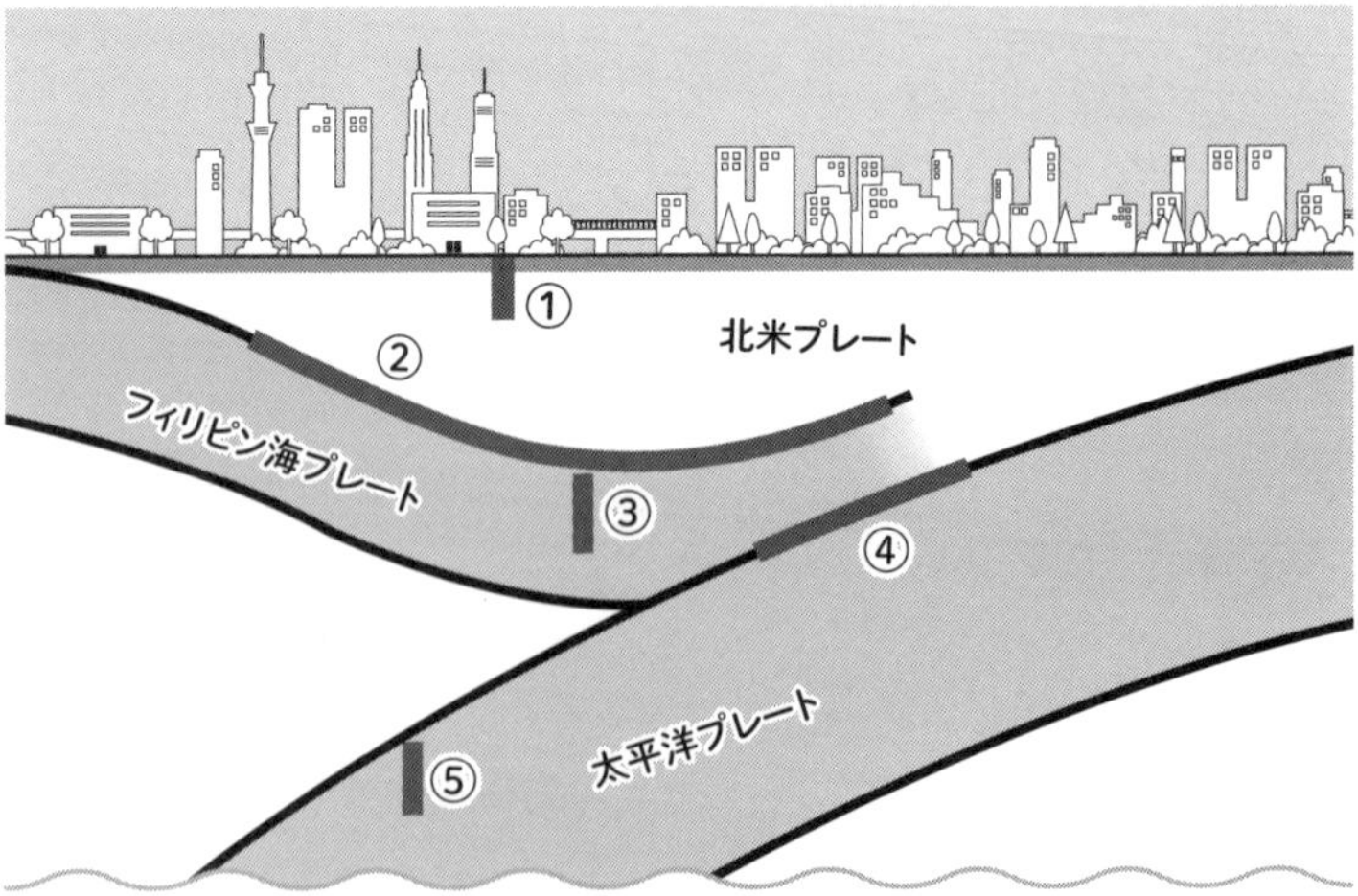

三つのプレートで起きるそれぞれの地震※（　）は深さ
①浅い活断層で発生（0〜20km）
②陸のプレートとフィリピン海プレートの境界付近で発生（20〜50km）
③フィリピン海プレート内部で発生（20〜50km）
④フィリピン海プレートと太平洋プレートの境界付近で発生（50〜100km）
⑤太平洋プレート内部で発生（50〜100km）

出典：地震調査研究推進本部のホームページ
https://www.jishin.go.jp/resource/column/kohyo_sum_kohyo_sum/の図を加工して作成

震を起こすモトがいっぱいあるということを示します。

起こり得るのは、土台の中（北米プレートの地殻内）の活断層地震、土台とベルトコンベヤー（北米プレートとフィリピン海プレート）の境界で起きる地震、二つのベルトコンベヤー（北米プレートと太平洋プレート）の境界で起きる地震、ベルトコンベヤー内（フィリピン海プレート内と太平洋プレート内）で起きる地震などです。「土台の中」で起きたのは1万年以上前の立川断層の地震。「土台とベルトコンベヤーの境界型」は、元禄や大正の関東地震。安政江戸地震は、「ベルトコンベアー内部型」の地震との見方もありますが、よく分かりません。

コンベヤーも、厚みや境界がはっきり分かっているわけではありません。また、地中の活断層がずれても関東ローム層という火山堆積物や沖積層が積もっているから、地表になかなか断層が現れてこないのです。とにかく、実態はあまり分かっていないけれど、地震はものすごく起きやすいというのが現実です。

＊ 茨城県では、「しょっちゅう小さな地震があるから大きな地震は起きないんだ」とか、「鹿島神宮があるから地震が起きない」と言う人がいたのですが、それは間違いです。

＊ 千葉県でも、しょっちゅう地震があるから大きな地震は来ないと言う人がいましたが、江戸時代初期には延宝の房総沖地震（1677年）というのがありました。千葉県沖ではゆっくりと境界が滑るスロースリップも起こっていますので心配です。

こんなところに首都をつくって人口を集中させてしまったのは本当はマズイんです。

「東京の地震」ではなかった関東大震災

関東大震災を起こした大正関東地震は、プレート境界の地震です。南海トラフ地震を引き起こすフィリピン海プレートの東の端の方が、相模トラフという相模湾の海底で、陸のプレートに潜り込んでいる場所で起きました。

相模トラフの地震は、200年に1回くらい繰り返し起きているようです。関東大震災の1回前が江戸時代の元禄地震（1703年）でした。

同じフィリピン海プレートが引き起こす南海トラフ地震は、100～200年に1回と言われていますが、相模トラフ地震が200年に1回くらいなのは、前項で触れた伊豆半島が関係しているのかもしれません。

伊豆半島をはさんで両側の相模トラフと駿河トラフは、伊豆半島がジャマを

* 江戸直下の安政江戸地震は震源の深さがよく分かっていません。上に2～3キロも堆積物がたまっているため地表に断層が露頭しません。被害データしかないので、北米プレートの中で動いたのか、フィリピン海プレートの中で動いたのかも分かっていません。
　首都直下地震は明治東京地震（1894年）、安政江戸地震（1855年）、小田原地震（1853年）などと100年以下のピッチで起きています。首都圏のどこかでM7クラスの地震が起きる確率は今後30年間で70％程度とされています。

していてフィリピン海プレートが潜っていきにくい。そのため、相模トラフの地震も200年くらいに1回のスパンとなり、駿河トラフの東海地震も南海トラフ地震の際に毎回、地震が起きるわけではないとも考えられます。

大正時代の関東大震災のメカニズムがほぼ解明されたのは昭和40年代でした。震災当時の地震波形をみると、関東では強い揺れで振り切れていました。その後、離れた場所の波形を調べて、ようやくプレートの壊れ方が推定できたのです。

その後、関東地震の姿をさらに明らかにしたのは「2章　日本を終わらせないためにホンネで話した」でも登場した名古屋大学教授の武村雅之さんです。武村さんのヒアリングや文献調査によって、従来の見方を覆す興味深いことが次々と分かりました。著書『関東大震災――大東京圏の揺れを知る』などには興味深い話があふれています。例えば、以下のようなことです。

＊ 関東大震災の1回前の元禄地震（1703年）は房総半島の東側まで震源域とし、関東大震災より巨大な地震でした。

＊ こんなに地震が起きやすい東京都ですが、関東大震災の後は大きな地震は起きていません。『東京都防災ハンドブック』によると、最近の都内の地震による死者は1980年の千葉県中部地震で1人、1993年の東海道はるか沖を震源とする地震で1人、2000年の伊豆諸島近海地震で1人、2011年の東日本大震災で7人となっています。

・従来はM7・9といわれたがM8・1プラスマイナス0・2だった。
・発生時刻は11時58分32秒。東京での揺れ始めは、11時58分44秒。大きく揺れたのはさらに10秒後。
・M7以上の余震が6回もあった。翌年1月に起きた丹沢での6回目の余震では19人が死亡。
・死者数は従来言われていた数より4万人ほど少ない10万5000人（行方不明者と重複でカウントされていた）。
・火災以外の死者も1万4000人。阪神・淡路大震災の直接死約5500人や濃尾地震の7200人を上回る。

当時の東京市の人口220万人に対して死者6万9000人、横浜市は人口42万人に対して死者2万7000人でした。横浜の死亡率は東京の倍にもなります。

関東大震災は「東京の地震」と思われていますが、震源域は神奈川から房総

＊明治4年（1871）以来、毎日「午砲《ごほう》」といって江戸城旧本丸で正午に空砲を射ち、時を知らせていました。「正午のドン」です。
　武村さんの本は『東京灰燼記』（大曲駒村著）に「大震の最中にどんが鳴った」と書いてあると引用し、「東京で本震から数えて3度目の強い揺れは12時3分くらいにあり、もし大曲駒村が聞いたのがドンであるとすれば、大揺れの中、やや遅れてドンが発射されたことになる。それにしてもあの大地震の最中によくドンを射ったものである。職務に対する責任感は見上げたものだと言わざるを得ない」としています。

半島南部にわたり、神奈川県や千葉県南部で強い揺れになりました。これに加えて、地盤が軟弱な東京の沖積低地が強く揺れたのです。

現在、東京23区の人口は約950万人、横浜市は約370万人。当時の死亡率を当てはめると、今の東京23区で約30万人、横浜市で23万人以上が犠牲になる計算です。

住宅の全壊棟数は東京市（当時）が約1万2000棟、横浜市が約1万6000棟で、人口では東京市の5分1ほどだった横浜市の被害は甚大でした。特に埋立地である関内駅周辺の被害は壊滅的と言えるほどのものでした。

都市の拡大が被害を招いた

しかし、当時からメディアが東京のことばかり報道したので、みんな横浜のことを気にしませんでした。横浜や房総は見捨てられたとも言えます。

＊ 関東大震災は火災被害の印象も強いですが、揺れによる全壊家屋数は約11万棟もあり、家屋倒壊による死者数も約1万1000人と、阪神・淡路大震災の被害を上回っています。

＊ 現在、関内周辺には横浜一の官庁街やビジネス街、スタジアムや中華街があり、近くには震災がれきで埋め立てた山下公園もあります。市役所も高層で湾岸に建て替えられています。多くの人が行き交うにぎやかな街の風景は良いものですが、災害危険度の高い地域であることが忘れられていないか心配になります。

災害があったとき、悲劇の中心として報道される場所と、被害は大きいのにあまり報道されない周辺の場所があります。昔も今も、メディアはそうした不公平さを抱えています。

熊本地震でも、同じ震度7だったにもかかわらず、益城町はどんどん報道されて、西原村はあまり報道されませんでした。2018年の北海道地震でも厚真町は報道されたけれど、むかわ町、安平町の情報はあまり出てきませんでした。

語り継ぐ人がいなければ、悲劇は忘れ去られていきます。

津波の記録もあります。プレート境界の地震だったため、地震後に伊豆半島から相模湾、房総半島の沿岸に高い津波が押し寄せました。特に熱海、伊東、鎌倉、館山などの津波被害は甚大で、犠牲者は200～300人に上りました。土砂災害も各地で発生しました。神奈川県秦野市と足柄上郡中井町の境界には地震で崩れた土砂によってできた「震生湖」があります。全体の死者は

700～800人。中でも小田原の根府川駅では山津波によって列車が駅もろとも海に転落し、さらに津波にも襲われ、100人を超える犠牲者を出しました。

とはいえ、犠牲者の死因の9割は火災でした。焼失棟数は21万棟にも上っています。地震発生時刻が昼どきで、前夜から台風が来て風も強かったため、住家が密集している東京や横浜では大規模な地震火災が発生したのです。

特に現在の墨田区にあった陸軍被服廠《しょう》跡では、多くの住民が避難しているところに火災旋風が襲ったため、4万人弱が犠牲になりました。現在は横網町公園として整備され、震災後に建設された東京都慰霊堂や復興記念館で震災の資料を見ることができます。

横浜や東京の被害の大きな原因は、軟弱な低地への都市の拡大にあったとみられます。東京の死者7万人のうち、下町の本所区と深川区の死者は6万人、

＊ 震源に近い所で起きている土砂崩れは2018年の北海道地震、2016年の熊本地震で起きたことと共通しています。

＊ 東京の西側で圧死によって命を落とした人は1500人程度だったようです。関東大震災より地震規模が大きかった元禄地震での江戸府内での犠牲者は340人でしたから、当時の江戸の町人の人口が35万人程度だったことを考えれば整合しています。

両区の人口は東京の5分の1なので、死亡率は他の24倍にもなります。下町の人口をどんどん増やしている首都圏の土地利用のあり方は、やはり根本から改めるべきではないでしょうか。

「想定外」を反省した気象台長

寺田寅彦は、上野の喫茶店で地震にあったときの様子を『震災日記より』にこう書き残しています。

「椅子に腰かけている両足の蹠《うら》を下から木槌《きづち》で急速に乱打するように感じた」

「丁度船に乗ったように、ゆたりゆたり揺れるという形容が適切である事を感じた。仰向《あおむ》いて会場の建築の揺れ工合を注意して見ると四、五秒ほどと思われる長い週期でみしくみしくと音を立てながら緩やかに揺れていた」

初期微動と主要動との時間差、揺れの長さ、長周期の揺れなど、震源から少し離れた場所での巨大地震の揺れの特徴を見事に表現しています。

寺田の筆致は冷静で、最初の大きな揺れの後、同じ食卓にいた人たちは出口の方に駆け出したが、筋向いにいた中年の夫婦のうち夫人が「平然と（ビフテキの）肉片を口に運んでいた」と書いています。

この後、寺田は日本橋に出て昼食をとる予定でした。

「あの地震を体験し下谷の方から吹上げて来る土埃《つちほこ》りの臭を嗅《か》いで大火を予想し東照宮の石燈籠のあの象棋《しょうぎ》倒しを眼前に見ても、それでもまだ昼飯のプログラムは帳消しにならずそのままになっていた。しかし弁天社務所の倒潰《とうかい》を見たとき初めてこれはいけないと思った、そうして始めて我家の事が少し気懸りになって来た」

と実感をつづります。

「無事な日の続いているうちに突然に起った著しい変化を充分にリアライズするには存外手数が掛かる」と、被災した後でも災害をちゃんと捉えるのが難し

＊ さらに寺田は振動が衰えてから、外の様子を見に出ようとしますが、喫茶店のボーイも一人残らず出てしまって勘定をすることができません。「そのうちにボーイの一人が帰って来たので勘定をすませた。ボーイがひどく丁寧に礼を云ったように記憶する」とも書いています。

かったことを告白しています。

一方、後に中央気象台長を務めた藤原咲平は当時、気象台の職員でしたが、発災後も気象台が火事になるとは思わず、警告を発しなかったことを反省した文章を雑誌『思想』に掲げています。藤原は揺れの後、水道管の破壊を予想して官舎の風呂おけなどにすべて水を張らせましたが、気象台は市街から離れているので、それ以上を考えませんでした。

「自分は始めまさかと思うて居って其の為に困難に陥り大切な物も燃やして仕舞った。あんな時に落付いて居って火災に関する警告をいち早く発したならば多少の効果はあったかも知れぬと思うた。要するに知識なんてものは有った所で活用せなければ役に立たない」といった具合です。

被災した防災のキーパーソンとも言える2人でも、ただちに「リアライズ」できない災害の巨大さ。武村さんは、寺田や藤原の文章から「人間は予測が苦

＊ 藤原咲平は気象学者で、作家の新田次郎はおいに当たります。

＊ 寺田や藤原の文章からは、「正常化の偏見(正常性バイアス)」という心理学用語も思い浮かびます。「異常な事態に直面していながら、『大したことにはならないに違いない』『自分は大丈夫だろう』と思い込み、危険や脅威を軽視してしまうこと。災害発生時に、避難や初動対応などの遅れの原因となる場合がある。正常性バイアス」(デジタル大辞泉)。こんな専門家でも正常化の偏見に陥るんですね。

手」だと指摘します。私もつくづくそう思います。

災害があぶり出す古地図

武村さんは丹念な研究で、関東大震災の震度分布を割り出し、詳細な地図をつくりました。この地図からは、江戸以前の古い東京の地形が浮かび上がってきます。著書『関東大震災』に、以下のような記述があります。

「神田川は……江戸時代以前は平川と呼ばれ流路も異なり、本郷台を突っ切ることなく、水道橋付近で流れを南に変え江戸城の東側から日比谷入江にそそいでいた。水道橋付近から現在の日本橋川の方向に

1540年ごろの江戸

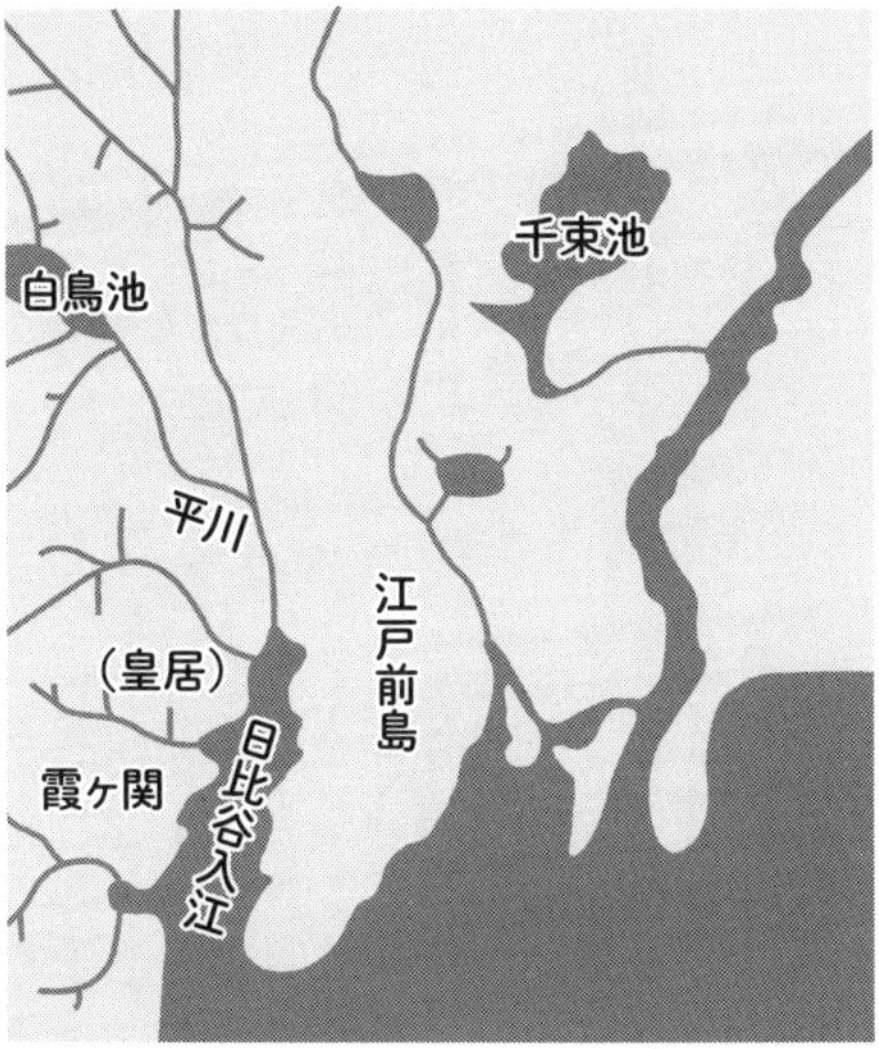

出典:『江戸・東京の地理と地名』鈴木理生、日本実業出版社、2006年の地図を基に簡略図を作成

流れていたことになる」

「日比谷入江が埋め立てられたのは慶長年間である。さらに、元和六年(一六二〇)、徳川秀忠の政権時に、江戸城を洪水から守り、土砂による江戸の湊の埋没を防止するため、本郷台地を掘り割り、現在の放水路をつくって神田川を隅田川に直結するようにした。

このように地表の形は変わっても、地下にはもともと平川が洪積台地を削った谷が日比谷入江の下の丸の内谷から、(中略)水道橋へと続いている」

「(関東地震で)震度が六強から七の地域は、まさにこの埋没谷に沿っているのである。その中で特に震度が高い神田神保町から水道橋にかけては(中略)大池と呼ばれる沼地であったことも注目すべきである」

今の飯田橋、水道橋から九段下、竹橋、大手町、丸の内、日比谷、新橋にか

＊　安土・桃山時代、大手町から芝にかけて東京湾の入江がありこれが日比谷入江。その東には半島状に突きだした江戸前島がありました。現在の日本橋や銀座などは前島の上に位置します。前島の東には隅田川が注ぐ江戸湊が広がっていました。

＊　JR御茶ノ水駅のあるくぼみ「お茶ノ水の掘割」は平川の流れを変える放水路として掘られました。ここから湧き出す水の水質がいいので、将軍の茶の湯の水にしたことから地名がついたと言われています。

けて、関東大震災で揺れの強かった地域が帯状に続いています。武村さんの作成した震度分布図では「震度7」や「6＋」となっています。

これは、飯田橋から竹橋にかけて流れていた平川の「痕跡」です。1540年ごろには平川は「白鳥池」から流れていて、小石川と合流して日比谷入江に注いでいたようです。

痕跡は地名に残っています。「平河町」という地名を思い浮かべてください。皇居の北側には「平川門」や「平川濠《ごう》」があります。白鳥池は今の飯田橋の北側に広がっていたようで、「白鳥橋」という地名が残っています。

大手町から新橋の西側は日比谷の入り江があった場所です。災害は旧地形をあぶり出すとも言えそうです。

関東大震災で震度が大きかったところ

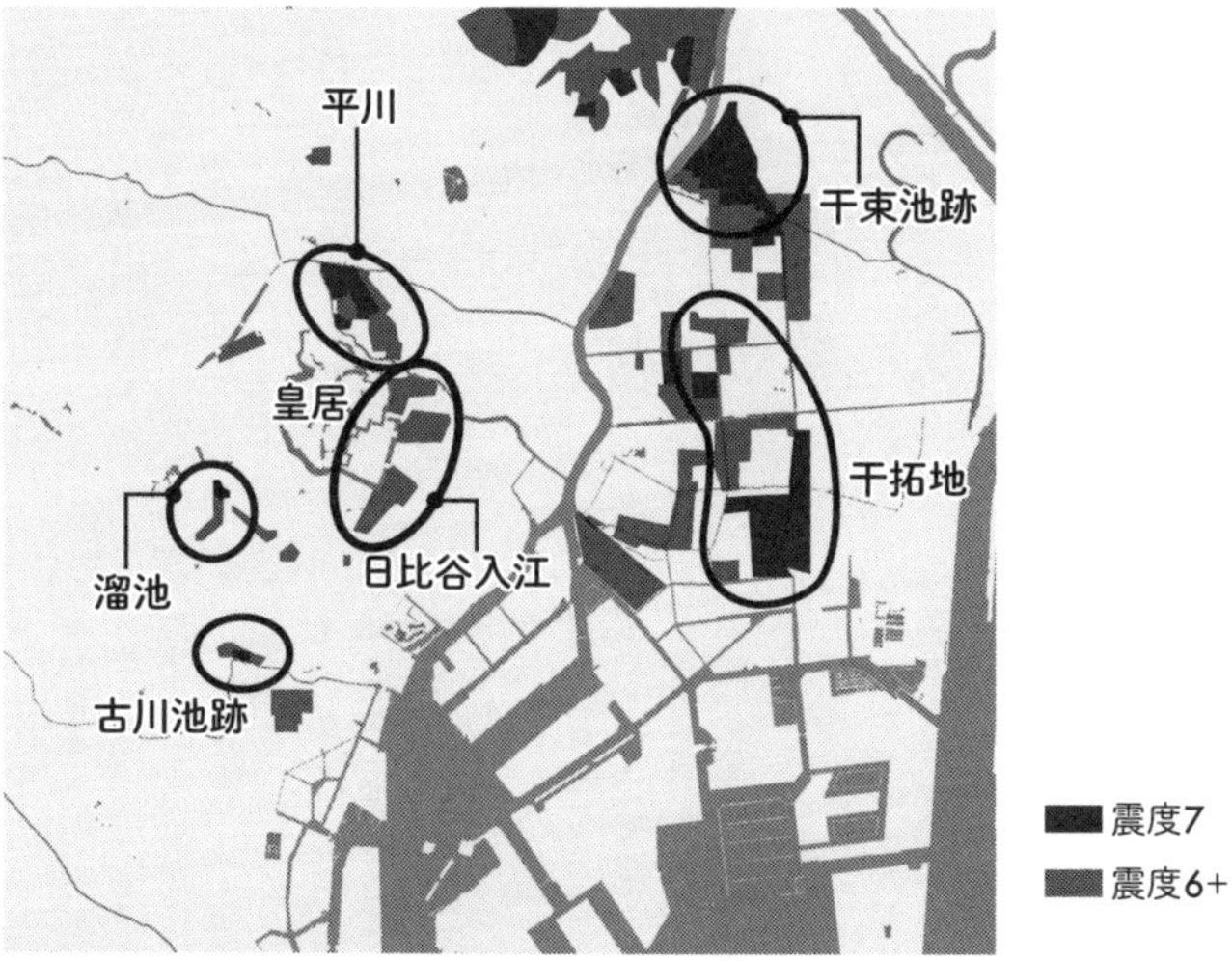

出典：武村雅之・名古屋大学教授作成の地図を加工

九段会館は江戸末期の地図を見ると池の上です。「3・11」の時に天井が崩落し、お二人の方が亡くなったのも決して偶然ではないと言えます。平川の下流の一部だった日本橋川の上に首都高速があるのは大丈夫なのでしょうか。それに沿って気象庁や東京消防庁の建物があるのも心配です。どうも、二つの建物は、皇居の鬼門を守っているようです。

この他、武村さんの震度分布図において、都心で「震度7」となっているのは皇居の南、赤坂の溜池付近と麻布一の橋付近です。

虎ノ門から赤坂見附は溜池があった場所です。麻布一の橋は渋谷を流れる渋谷川が天現寺（南麻布4丁目）で古川となり、南に流れを変えるところです。1460年ごろの地図をみると「古川池」という沼地になっています。

昔は原野を流れる川が沼や池をつくり、海に注いでいた。ここでも、かつての地図の川や池が浮かび上がります。

＊平川の下流の一部は、皇居の壕として残っている他、日本橋川もその一部です。平河町周辺はやたら谷と山が多い所です。

＊「溜池」とは「東京都港区赤坂の低地にあった池。江戸初期まで飲料水（溜池上水）として利用されたが、玉川上水の完成により埋め立てがはじまり、明治初期には完全に陸地化した。ひょうたん堀。大溜」（日本国語大辞典）

＊「これらの地域に共通する特徴は、台地を刻む河川が海へ出る少し手前に沼や池ができていることである」と武村さんは書いています。

こういった水辺の場所は、地盤が軟らかいため液状化が起こったり、強い揺れになったりすることが心配されます。また、相対的に低い位置ですから、大雨が降ると水があふれやすい場所にもなります。

現在の浅草公園の西側から吉原にかけては、かつて「千束池」と呼ばれた巨大な沼地がありました。この辺りの震度も強く、武村さんは「……千束池は深さが20メートル以上もある深いものであったとの推定もある。池の底の堆積物やその後の埋め立ての影響が吉原を中心とした浅草区北部や下谷区北部での震度高さに関連している可能性も考えられる」と指摘しています。

隅田川の東側も武村さんの地図では「震度7」となっています。ここはもともと海の中で、干拓地ですからどうしようもありません。縄文時代、海だったところに北側から利根川が流れてきて土砂を堆積させました。

かつては利根川が東京湾に注いでいたものを千葉県の銚子の方に抜けるよう

＊　1947年のカスリーン台風で水害を受けた所はかつての利根川の流れそのものです。2018年の西日本豪雨も同じで、隠れた川がもう一度現れる。北海道地震の清田区里塚の液状化もその一つ。昔の谷が液状化しました。

＊　武村さんの『関東大震災』によると、埼玉県東部、特に大宮台地の東側の震度が高かったそうです。江戸時代初期に利根川や荒川の流れを変える「瀬替え」が行われましたが、もともと大河川が集まる地域だったためではないかと推定しています。

付け替えられたのはよく知られています。その付け替える前に位置していた辺りが、見事に震度が大きくなっています。東京スカイツリーは、最もよく揺れた場所にあります。

東京の旧地名は「江戸」。「江」と「戸」ですから、大きな川の入り口を連想させます。

徳川家康が江戸に入った1590年当時、湿地帯と原野ばかりの土地を見て、家康はどう感じたでしょうか。

江戸時代の大改造によってつくられた東京の街は、同じ都内でも、ずいぶん災害危険度が異なります。

ビルとアスファルトに覆われて、かつての地形はかなり分からなくなっていますが、残っている地名や坂道からも地形の変化を感じとることができます。

東京は全国で最も坂道の多い都市の一つ。23区内に名前が付いている坂道は

＊ 首相官邸は谷の上の台地にあります。武村さんの地図では首相官邸も霞が関の官庁街もみな「震度5－(マイナス)」になっていてあまり揺れていません。明治政府は建設技術が未熟だったため、軟弱な日比谷に官庁をつくることを断念し、公園にしました。東京駅の東側の銀座や日本橋の揺れはあまり強くありませんでした。この場所は上野や本郷の台地の延長に位置する前島にあるため、地盤も相対的に固いからです。

740もあるそうです。坂道が多いのは、武蔵野台地の端の港区と文京区、少ないのは低地の墨田区と足立区です。

こんな風に東京の街を「ブラタモリ」のように歩いてみたり、電車の車窓を眺めたりして、地形の変化を感じてみてください。

意外な死角は階段とエレベーター

何といっても東京は昔に比べて断然、人が多くなっています。今、関東大震災と同じような地震がくれば、東京の人口は当時の4倍に増えていますから、単純に4倍の被害になる可能性があります。

世田谷や杉並、板橋などの木造密集地は、火災の猛威がすごいでしょう。それに対して、消防署員が1万8000人ほどの東京消防庁の消火能力では、とても足りません。消防車は渋滞で現場に入っていけず、たどり着けても高層マンションに住む人をどう助けるのか…。横の移動に加えて縦の移動も考えなければなりません。

ビルは不燃化されているので、建物自体は簡単には燃えないでしょう。しかし、意外な死角はエレベーターです。今はちょっとした地震でもエレベーターが止まります。首都直下地震では最大3万基のエレベーターが停止し、住宅やオフィスで最大約1万7000人が閉じ込められるとの想定です。その人たちを助けに行ける人はどれだけいるのでしょう。

2018年の大阪北部地震は震度5～6弱程度の揺れでしたが、6万6000基のエレベーターが止まりました。大阪府内にある保守エレベーター台数は7万6000基程度で、それほど強い揺れではなかったのに、300人以上の人が閉じ込められ、中で腹痛を訴えて、用を足した人もいたようです。東京都内の保守エレベーターは16万基以上です。これから察するに、首都直下地震での想定は過小に思います。

電気も水もなく、狭いエレベーターの中で何日も閉じ込められたら……。最悪、エレベーターの中で餓死する人が出てもおかしくはありません。ぞっとしませんか。

エレベーターが止まれば、階段で移動しなければなりませんが、ビルの階段はかなり狭いです。非常階段は火災避難のためにあるからです。ある階で火事が起これば、その上下の階は防火扉で閉めて延焼を防ぐ。だから階段の設計は、せいぜい出火したフロアの人が降りられるスペースしか考えられていないのです。

地震の際にビルにいる人全員が降りてくることを想定したら、本来は下の階にいくほど階段の幅が広がっていなければなりません。それができていないということは、上から全員が一斉に降りてくれれば、すぐ「ふんづまり」になってしまいます。

大正時代の東京市は200万人ぐらいの人口でコンパクトでしたから、郊外に出ればすぐ誰かに助けてもらえました。歩いていけるところに田舎がありま

＊ たとえ1階までたどり着けても、中高層ビル街の歩道は大変なことになっています。ビルから出てきたおびただしい人で立錐《りっすい》の余地もありません。

した。東京の外に実家のある人も多かったので、関東大震災後には3分の1の人が田舎に逃げることができました。

今は都内以外との人のつながりがなく、孤独な人が多いです。一人暮らしのお年寄りはもちろん、独身男性はコンビニが冷蔵庫だと思っています。それが空っぽになったらどうするのでしょう。人知れず死んでいて、安否確認ができないまま白骨化……しばらく時間が経ってようやく発見される人も出てくるかもしれません。さすがの日本でも、大変な暴動が起きる可能性だってあります。ちなみに、大阪北部地震での6人目の死者は2週間後に見つかった方です。

首都機能のマヒが日本を止める

首都圏では、多くの人が共働きですから、保育園やデイサービスがやっていないと健康な人も出勤ができません。そもそも鉄道の相互乗り入れは便利ですが止まったら大変です。一つの路線が止まれば全体が止まります。社会を維持する人が仕事に出て来られないと、東京に集中する中枢機能がマヒします。そのヘッドクオーターに頼っている日本全体も機能不全になるでしょう。

政府は最後の砦《とりで》です。東京電力はそこだけはなんとしても電力を確保しようとするでしょうが、2016年には埼玉県の送電ケーブル火災で霞が関まで停電し、東京の脆弱《ぜいじゃく》さがあらわになりました。首都直下地震時は、山手線の輪の中に人を入れさせないようにして、首都機能を維持するしかないかもしれません。

荒川や江戸川の堤防が切れたら、ゼロメートル地帯に住む176万人が孤立します。しかし、その人たちを救えるだけの、消防や自衛隊のヘリはありません。2015年の鬼怒川決壊の時は日本中からヘリが飛んできましたが、首都直下では人数が違います。

そんなゼロメートル地帯に、どんどん超高層マンションができています。長期間ろう城できる事前の備えが必要です。もし堤防が壊れて浸水したら、堤防を直してから水を排出するしかありません。そういう修復工事をする多くの会社の本社は東京にあります。しかも低地や日比谷の入り江を埋め立てたズブズブ地盤などにです。

ヤバイ場所でも地価は上がる

東京都は「地震に関する地域危険度測定調査」を公表し、「あなたのまちの地域危険度」というパンフレットも出しています。調査は都震災対策条例に基づき、1975年から、おおむね5年ごとに地域危険度を公表していて、2018年は8回目の公表となるそうです。

地震に対する危険度は、市街化区域の5177町丁目に対して「危険度ランク」を5段階で評価しています。町丁目とは「○○町○丁目」の地域単位。ランクは数字が上がるほど危険度が高いことを意味します。地盤の硬軟による揺れやすさの違い、建物の構造による耐震性の違い、建物密集度による火災の延焼危険度の違い、避難や救助に必要な道路や公園の広さなどを考慮して「建物の倒壊危険性」「火災の危険性」「災害時の活動の困難度」を町丁目単位ごとに分析、これらを組み合わせて総合危険度を評価しています。

その結果、２０１８年度は危険度が最も高いランク「5」が全体の１・６％の85地域。具体的には荒川や隅田川沿いの下町を中心に、足立区、荒川区、墨田区に集中しています。地盤が軟弱で古い木造住宅が密集する地域です。これに加えて品川区や大田区、中野区、杉並区、三鷹市、国分寺市など、鉄道沿線の古い住宅地域でも危険度が高くなっています。

しかし、東京では「危険なところだから人が住まない」とはなりません。むしろ、危険度が高いのに、地価が上昇しているところもあります。

２０１８年7月の住宅地基準地価上昇率の都内トップ２（区部）の地点について、東京都の危険度評価をみてみましょう。

＊ 東京都の地域危険度調査の「沖積低地4」は「軟弱層の厚さ25～40メートル未満」、「谷底低地2」は「軟弱層の厚さ3～8メートル未満」とされています。

▽地価上昇率1位（10・1％上昇）荒川区西日暮里4－19－9

危険度評価（荒川区西日暮里4）谷底低地2

建物倒壊危険度　868位　ランク3

火災危険度　658位　ランク3

災害時活動困難度　1638位　ランク2

総合危険度　581位　ランク3

▽2位（9・4％上昇）荒川区荒川2－21－2

危険度評価（荒川区荒川2）沖積低地4

建物倒壊危険度　30位　ランク5

火災危険度　37位　ランク5

災害時活動困難度　2004位　ランク2

総合危険度　71位　ランク5

地価上昇率の高い土地を危険度マップと照らし合わせると、ランク「5」や「3」が出てきます。ズブズブの土地にギュウギュウに家を建てているから、何かあってもぜんぜん助けに来てもらえないというところです。

危険度マップの落とし穴

危険度マップと関東大震災の震度分布とを比べてみましょう。さらにイメージが違ってきます。

危険度マップでは、前述の九段下や東京駅周辺、そして湾岸地帯が軒並み安全なランク「1」を示すブルーです。スカイツリーの立つ土地もブルーです。なぜでしょうか。それは高層ビルが林立しているエリアだから。私からすれば高層ビルがあるところは危険だとしたいのですが、このマップではそれを避けていいます。むしろビルのあるエリアは安全だと判断しています。

＊ 首都圏に転勤して住まなければならない人へのアドバイスを挙げてみます。
「駅は谷につくることが多いので、健康にも良いと考え駅から少し歩いた高台に住む」「エレベーターがなくても上がれる階数にする」「周辺に古い木造家屋がある所は避ける」「傾斜の途中の土地はやめる」「盛り土をしていると盛った所は崩れるし、後ろから崖が崩れてくるので避ける」「一階が店舗や駐車場になっていない所を選ぶ」

確かに、超高層ビルは燃えないから、火災危険度は低い。周囲の道路も広いので、消防や救急車両は入りやすい。だから総合点は上がります。でも、長周期地震動で2、3メートルも振り回されるような高層ビル内の揺れについては、何も触れていないことになります。エレベーターが止まったり、ライフラインがこけたりしたら終わりだというような事情も反映されていません。

東京らしいと言ってしまえばそうなのですが、高層ビルの安全神話に則ったマップです。一般の都民に危ない戸建て住宅を直してもらおうという目的ならこれでいいでしょう。しかし、高層ビルに入居するような企業向けではありません。そんな「落とし穴」が見えるマップなのです。

高い階に住むときはそれなりの「ご作法」を覚えるべきです。エレベーターが動かなくなったらどうするのか、停電したらどうするのか。それを考えた備蓄や家具の固定を考えましょう。携帯トイレ、コンロ、乾電池は必要な分を備えておく。非常用の発電機は、室内で使ったら一酸化炭素中毒で死んでしまう

＊ 土地をちゃんと調べるにはいろいろな方法があります。「引っ越し前にはグーグルマップを見る。道が細い所はダメ。上から見て瓦の屋根が多い所はやめた方がいい」「ストリートビューで街の様子が分かるから、引っ越す前に周囲を見ておく」「図書館で昔の地図を見る。元田んぼだった所はやめた方がいい。畑の方がいい」「池や、川が流れていた所も避ける」「斜面の下、昔谷だった所は具合が悪い。谷埋め盛り土かどうか調べる」。

ので、十分な注意が必要です。

タワーマンションに住んでいる人は、下の階の人と仲良くしておきましょう。地震が来たら上に住んではいられません。下の階の人に助けてもらうために、マンション内の共助システムが必要です。

危険度マップには、こんなリスクは入っていません。

現代版 参勤交代制

東京にある会社は、真剣に本社の移転を考えた方がいいでしょう。都内に住まなければいけない人は、家族まで巻き込まないために単身で住むのがベストです。中央官僚の危機管理担当者は、みんな都心に単身で住んでいます。キャリア官僚や一流サラリーマンは、地方への単身赴任が多いのです。サラリーマンも意識を変えないといけません。

どうやって知恵がある人を地方に戻すか。何もみんな家族を連れて東京に来

＊ 上の階でけがをした人も階段が降りられる手押しの車のような「イーバッグチェア」を共有するとか、大量の簡易トイレを準備するとか。水を上まで運ぶのは相当大変なので、水はそれぞれに相当量を用意しておくべきです。

ることはありません。ふるさとに家族を置いて、東京に単身赴任をする。地方赴任地はふるさとを優先する人事システムです。

そうすることで、子どもは豊かな環境で生まれ育ちます。家が広く物価も安いので、子だくさんでも大丈夫です。田畑や山を駆け回り、たくましく育つことでしょう。お父さんが地元の支店に配属されれば、一緒に住めるようになります。テレワークなら、東京本社にいても一緒にいる時間はたくさんとれます。とっても簡単なことです。地方に拠点を置いて、ときどき東京に来る、現代版の参勤交代システムを確立すべきではないでしょうか。そうすれば、生まれ育った地域に知恵も残り、地方創生も容易にできます。

日本中の企業が、本社を東京に移転させてボロボロになっています。例えば、本社が地方にある関西や中部の雄であれば関経連や中経連の会長になって地元をどうするかを考えることができます。でも、いったん東京に本社を移してしまえば、ただの大会社の一つになってしまいます。そうすると、「わが地域を守る」という意識、郷土愛もなくなってしまいます。東京の企業になっても東京のことは考えないものです。東京は特殊な地域で街づくりは都がやらずに、みんな「民」に任せています。

東京を考えない東京の企業で、例外と思えるのは、不動産の「森ビル」です。港区のローカル企業として出発し、とてつもない地元愛を感じさせます。港区でビルを立て、本社も出ていかず、その特徴を生かして今の発展を築いています。街おこしもやっていて、防災についてもめちゃくちゃ頑張っています。

＊「3・11」の時は、森ビルは、六本木ヒルズをはじめとして、停電せず、機能を維持しました。その後も建物の被害状況をコンピューターが自動解析する「被災度推測システム」を取り入れたり、港区が持つ災害情報を、森ビルが地上波テレビ放送の帯域を使って配信したりする仕組みも導入しているそうです。他のデベロッパーとはちょっと違います。

地域力の弱さが気がかり

東京は魔物のような魅力を持っています。全国から東京に憧れて多くの若者が集まります。毎年、他の道府県から10～20代の若者が24万人くらい転入してくるそうです。

全国の大学生290万人のうち、75万人が東京都の大学に通っています。人口比で10％の東京に、大学生は25％もいる計算です。さらに、大企業や官公庁も東京に集中していますので、就職のために若者が集まります。
東京都庁や区役所、消防署の職員と話をしていて、驚くことがあります。多くの人が東京生まれではない。居住地も都外や区外の方が多いようです。地方では、県庁や市役所の職員の多くは地元出身者です。地元出身や居住でないと、地域特性の把握や、土地勘・地元愛などにも差が出てくるのではないかと感じます。

公立以外の国立や私立中学の生徒数の比率は、全国平均がわずか8％に対して、東京は25％もあって最大です。地元の小中学校は地域コミュニティーの中心ですが、ただでさえ子どもが少なく、地元の公立学校に通わないようでは地域との関係が疎遠な人が多くなります。災害対応で重要となる地域力の弱さが気がかりです。

＊　東京は、隣接県からの遠距離通勤も多いです。総務省の平成25年度統計によると、関東大都市圏の雇用者のうち、1時間以上の通勤時間を要している割合は29％で、近畿大都市圏の19％、中京大都市圏の11％と比べて厳しい通勤状況です。

＊　東京は住宅の平均延べ床面積も、全国平均の94平方メートルに対して、64平方メートルと最小。大阪は76平方メートル、愛知は95平方メートルもあります。遠くて狭い住宅事情が、出生率の低さにもつながっているようです。東京の合計特殊出生率は、全国平均の1・43人を大きく下回り、1・21人と最下位です。

食料やエネルギーの自給力も、地方と比べて劣っています。農林水産省によると、2015年度の食料自給率は、カロリーベースで全国平均39%に対して、東京はわずか1%。新潟や福島、青森の原子力発電所に頼ってきた電気など、食料やエネルギーの他地域への依存度が高いため、他地域での災害の影響を受けやすくなります。

リニア、テレワーク

関東大震災を思い出せば明らかなように、首都に何かがあったときの他地域への影響は計り知れません。

今のような東京一極集中を続けるなら、東京の安全性を格段に向上させる必要があります。首都税を課してのインフラ整備や焼け止まり帯の整備、東京の建築物の安全性を他地域より高める「首都安全係数」の新設などを考えてもいいのではないでしょうか。

＊ 東京には独り身の人が多く、2015年の統計によると、単独世帯の割合は全国平均の34・6%に対して、東京は47・2%です。

＊ 第3次（サービス）産業で働く人の比率が高いのも東京の特徴です。2005年の国勢調査によると、第3次産業の従事者は、全国平均67・2%に対して、東京は77・4%となっています。農業従事者や建設業従事者の割合が低く、災害後の復旧・復興に大きな力を発揮する汗をかいて働く人が少ないように感じます。

関東大震災から3週間余り後の9月27日、帝都復興院が設置され、後藤新平が総裁に就きました。

後藤は、予算規模40億円もの東京・横浜の都市計画と帝都復興計画を提案。その中身は、国による被災地の買い取りや100メートル道路の建設、ライフラインの共同溝化など、斬新な計画でした。

財政緊縮のため、予算は政府案の段階で約6億円に縮減されましたが、後藤は内務省の優秀な部下を使って計画を策定。彼でなければ描けなかった復興という大きなビジョンがあり、そのマインドが残って今の東京につながる都市計画の骨格ができたといえます。住宅も青山の同潤会アパートなどが実現しました。昭和通りができたおかげで、のちに高速道路もつくられました。

後藤新平

写真／時事

＊ 医者だった後藤新平は、24才で愛知県病院長になりました。今の名古屋大学医学部附属病院長に当たり、私とも少し縁がありそうです。

現在の東京の原形がここでできたのです。

戦災復興時には、東京にそういう人がいませんでした。戦争に負けた後で、有能な人はみんなはずされたからです。連合国軍がやってきて、国の体制を守るのに必死で、復興まで考える余裕がなかったのかもしれません。

逆に地方には気概のある人がいて、独自の１００メートル道路の街をつくった名古屋をはじめ、東京以外の多くの街では、都市がちゃんと形づくられました。

今の課題は、２０２０年のオリンピック・パラリンピック後の東京をどうするのか、でしょう。２０２７年にリニア中央新幹線が開通すると、東京と名古屋が40分で結ばれ、大阪も含めた「スーパーメガリージョン」（巨大経済圏）の形成が着々と進みます。そんな中で、リスクの大きい東京に住み続ける意味はどれだけあるのでしょうか。

＊ 後藤はもともと東北の出で、苦労して地元の医学校に行き、多くの人に見い出されて成長しました。学歴もなく、薩長出身でもない人が、自分の力だけで内務大臣や東京市長となり、東京を大改造する辣腕《らつわん》を振るったのです。

今はテレワークもでき、高速移動手段もあります。人間の生き方が大事な時代ですから、リニアが止まる山梨や長野や岐阜に住む人を増やして、首都を小さくするべきではないでしょうか。

東京は首都機能をつくるのにはよいのですが、人が住むのに適した場所ではないと、声を大にして言わなければいけません。東京では老人福祉施設や火葬場が不足していて、高齢になったときに苦労しています。定年後、元気なうちにふるさとに戻ってくれる人が増えたらいいなと思っています。

さて、最後にもう一度問います。

それでも、東京に住みますか？

＊ 魅惑的な東京に住み続けたい人は、東京の危うさに気付き、防災、減災の達人になってほしいと思います。

5章
やはり危ない建物が多い

建築設計の不都合な現実

青ざめる市役所の担当者

ある日、とある市役所の担当者が、建築事務所の設計者と一緒に私の研究室へやって来ました。

「市が防災センターを建設するので、防災展示について相談に乗ってほしい」という話です。しかし、図面などを見させてもらうと、展示よりも建物のつくりが気になってしまいました。

＊ この章では建築構造の専門的な部分にも立ち入ります。こういうことは一般の人は専門家に任せていますが、専門家も必ずしも数値や数式を十分に理解して使っているわけではありません。縦割りの弊害で、誰かがつくった式や数字を、あまり考えずに使っていることがあります。大事なことですので、そのあたりを分かりやすく説明いたします。

「防災展示は手伝うけれど、この建物の耐震はどうなっているんですか?」と私が聞くと、設計者は「免震です」と答えました。

すかさず私は「免震だったら僕も得意なんだけど、どんな免震ですか?」と聞きます。

「ごめんなさい。構造設計者じゃないのでよく分かりません。」

「じゃ、建物の図面を見せてくれませんか?」

そこで、設計図を見させてもらいます。すると、壁一面がスケスケのガラス。本当に大丈夫?

「免震だからダイジョーブです」と設計者は言い張ります。

「設計で考えた揺れは? 普通の建物より1・25倍は強い? 1・5倍?」

「こんなにガラス張りだったら、台風のときに割れちゃわない? 大丈夫?」

私が畳み掛けると設計者は押し黙ってしまい、市役所の担当者も隣でビクビクしていました。

十分な検討をしているようにはとても見えなかったので、私が「なぜそんなに焦るの？」と聞くと、市の担当は「市長の任期のうちに、これをつくらなければいけないんです。予算も決まっちゃっていて……」と答えました。今までに何度も経験したことがあるやりとりです。

地震の揺れを分かってない構造設計者

その後、構造設計者が来てくれました。やり取りをしてみると、さらに情けない話に……。

「この場所で過去に起きた地震は？」

「知りません」

「東南海地震って知っていますか？」

「知りません」

「三河地震は？」

「知りません」

「そのときのここの揺れは？」

「知りません」

「南海トラフ巨大地震の発生確率は？」

「知りません」

アチャー……。

私はあきれながらも南海トラフ地震のことや、中央防災会議が予測した揺れなどについて丁寧に説明していくと、部長は「我々は価格提案の入札で取りましたから設計コストが……」といった反応。

「設計コストが安ければ何でもいいわけ？」

＊ 某案件を落札した設計会社は免震設計の経験がないのに、免震設計を提案しました。また、被害予測をしたことがないコンサルがある自治体の被害予測を受注しました。いずれも実績づくりです。

＊ 入札で実力がない業者が落札するのを防ぐために性能発注というやり方もあります。価格だけでなく性能も見るのです。この場合、自治体側に性能を見抜く力がないといけません。発注者側の技量が必要です。

「しょうがないんです」

「市にはどういう説明をしたの？」

「免震は、普通は揺すって安全性を検証しますが、速攻でやる方法もあり、それは安くて早いですと説明しました」

「揺すって」とはこの場合、地震を受けた建物の揺れを時々刻々と再現したり、地盤の揺れやすさを考慮したりする、高度な構造計算を意味しています。その分、手間もお金もかかります。

それに対して「速攻で」とは、もっと簡易な計算による方法のこと。国の認める計算式に数値を当てはめて基準をクリアさせるので、確かに法律は守っています。しかし、それでは地域に応じた設計はできません。特にこの案件のように、いざというときに使う防災拠点のような重要施設の設計ではふさわしくないと思います。

どういうことか、かなり専門的になりますが、できるだけやさしくお話しします。

数字の意味を勘違い

建物は地震でユラユラと、主に左右に揺れます。その水平方向に揺れることで建物に生じる力を建築用語で「地震層せん断力」で定義します。せん断は「剪断」。「剪」には「はさみで切りそろえる」という意味があります。「植木の剪定《せんてい》」と言いますね。剪断力には「物をはさみで切ろうとする力」「物体にずれを起こす力」の意味があります。

一般の構造物は、常に自分の重さを支える必要があるので縦揺れには強く、横揺れに弱い。そして、地震では横揺れが多いので、耐震設計は主に横揺れに対してチェックします。

地面が横揺れすると、動くまいとする建物は「慣性力」という力を受けます。

車を急停止すると前のめりになりますが、その力が慣性力です。バスが急停止したときに、痩せた人より太めの人の方が転びやすいのと同様、慣性力は質量に比例します。重い建物ほど、大きな力を受けるわけです。

また、ものが急に止まったり、勢いよく動いたりするほど慣性力も大きくなります。こうした速度の変化率を「加速度」と言います。つまり、慣性力は「質量」×「加速度」で計算するのです。

地震層せん断力は、建物に働く慣性力（地震力と呼びます）によって建物に生じた力です。実際は複雑な計算で出てくる数字なのですが、構造計算の「一次設計」ではおおむね建物の重さに「0・2」をかけた力になります。つまり、建物の重さの0・2倍の力ということです。それだけの力に最低限、損傷しない建物をつくりなさい、という耐震の基準。言い換えれば、国の耐震基準ギリギリの建物をつくると、建物の重さの0・2倍くらいの地震力で、建物が損傷し始めることを意味します。

＊　新耐震設計法では耐震性の検討を一次設計と二次設計の2段階で行います。

一次設計では、中程度以下の地震に対して許容応力度計算により損傷を防ぐ、二次設計では、大地震に対して、保有水平耐力計算に基づく安全性確認で、損傷は生じても倒壊などを防ぎ、人命を保護する、とされています。

要約すると、一次設計は比較的よく発生する中小の地震の揺れには無損傷であることを確認し、二次設計はめったに発生しない大きな地震の揺れに対して、建物は損傷しても人命は守ることを確認する、ということです。

なぜ「0・2」なのかは下段をご覧ください。耐震基準では、「標準せん断力係数」、または「ベースシア係数」と呼ばれます。ベース（base）は基礎、シア（shear）はせん断力のこと。1階の床位置で負担する地震層せん断力を、建物の総重量で割った値とも説明されます。このベースシア係数の意味を誤解している設計者が多くて、困ったものなのです。

下段の説明のように、ベースシア係数「0・2」というのは、「平均的に建物が200ガルで揺れることを想定して設計しなさい」ということです。「ガル」という単位は聞いたことがあるかと思いますが、ガリレオ・ガリレイにちなんだ名称で、木からリンゴが落ちるときにもイメージできる加速度の単位。地震の場合は水平方向の加速度を表します。では、建物は「200ガルで揺れる地震」に耐えられればいいのでしょうか？

先ほどの構造設計者に聞いてみます。

＊　建物に働く慣性力（地震力）は「質量×加速度」です。質量は「重さ÷重力加速度」です。
「重力加速度」は地球の重力が地上の物体に及ぼす加速度なので、地震力は、

質量（重さ÷重力加速度）×加速度

「重力加速度」は約1000ガルですから（重力加速度は980ガル）、

質量（重さ÷1000）×加速度

建物の平均的な揺れを200ガルと想定すると、

質量（重さ÷1000）×200＝重さ×0.2

となります。

「建物の安全性の計算はベースシアでやっていますね。じゃあ、一次設計の地盤の揺れは、どの程度で設計しているの？」

「200ガルです」

いえいえ、違うのです。200ガルは建物の構造計算で想定した「建物全体の平均的な揺れ」です。「地面の揺れ」ではなくて「建物の揺れ」。この二つは違います。また、建物の揺れとして200ガルを想定して建てた建物でも、固い建物と柔らかい建物があります。地面にへばりついた要塞のようなビルは固く、コンニャクを立てたようなビルは柔らかい。

地面の揺れが200ガルだったら固いビルは200ガルしか揺れませんが、柔らかいビルは、もっともっと揺れます。

また、先ほどから「ビル全体の平均的な揺れ」と言っていますが「平均的」という点も大事です。建物平均の揺れが200ガルなら、建物の上の方は300ガルくらい、下の階は100ガルくらいと思わないといけません。

＊ 設計するときに「これを使いなさい」という数式があります。数字を入力すると構造計算ができるようになっていますが、数式や数字の意味や背景を知らない設計者が多いのが実状です。

この設計者たちは、200ガルが地面の揺れだと勘違いしていました。だからとってもよく揺れる建物を、軟らかい地盤の上につくっても平気だったんです。

こうして一つひとつ問い詰めていくと、彼らもだんだんとヤバさを自覚していきます。隣で聞いている役所の人たちの顔が、青ざめていきます。


「それでも揺すらずにやりますか？」

「工期がありますから」

「今のままで出しといて、計算だけやって確認すればよいじゃないですか。それで、具合が悪かったら設計変更したらどうですか？」

「お金がかかりますから」

「勉強代だと思えばいいんじゃない？」

「とりあえず帰って考えます……」

＊ ここで紹介した、「とある市の防災センター」は、結局、私の意見も取り入れてくれ、当初よりガラスが少ない頑丈な設計になりました。

あらあら。そのまま帰ってしまいました。数式や数字の背景を知らないで設計をしていると、こうなってしまいます。まれに、こんな話に出くわします。

基本の数式も心配

構造設計者たちの勘違いについて書きましたが、設計をするときの基本的な数式そのものにも疑問が多いのです。

実際の構造計算の時には、建物の重量に「標準せん断力係数」（C_0）の0・2をかけるだけでは、地盤や地域、建物の特性を反映できませんので、「地震地域係数（Z）」「振動特性係数（R_t）」「地震層せん断力係数の高さ方向の分布（A_i）」といった係数もかけ合わせます。

これらが、一つひとつ見ると問題がありそうなんです。

＊ 地震地域係数は、建築基準法施行令で規定されています。繰り返し起こる海溝型の大地震を念頭に置いて、設定されています。めったに起きない内陸の活断層による地震の影響は低く見積もられています。

「地域係数（Z）」は、一般的な地域を「1・0」とし、あまり地震が来ないと考えられる地域は「0・9」や「0・8」をかけて地震の揺れを小さく想定してもよいことになっています。地震力を1、2割小さく見積もって設計していいというルールです。

海溝型の大地震を念頭に、本州の太平洋側や中部地方を中心に「1・0」の地域が広がり、日本海側や中国、四国は「0・9」、九州や北海道の一部が「0・8」となっています。沖縄は本土復帰前に耐震基準が低めだった影響で、復帰後の地域係数も「0・7」と低めに設定されてしまったようです。

しかし、北海道や九州、もちろん沖縄も地震がないわけではありません。実際、震度7の揺れに見舞われた熊本県益城町や北海道厚真町は「0・9」の地域でした。市役所で大きな被害を受けた宇土市は0・8です。

北海道は幸い、凍土対策で基礎は深く、雪対策で屋根は軽いスレート、寒さ対策から窓は少なく壁は多い、広大な土地なので平屋建てが多いなどの理由で、

＊ 沖縄は米国支配下の時代に耐震性が従来の2分の1になっていたため、暫定で0・7になったと思われます。

＊ 地震が来ると、最初はガタガタと上下方向に振動し、その後ユサユサと揺れ出します。前者がP波（primary wave）、後者がS波（secondary wave）。S波は地震の主要な波で、地面の下では縦も含めいろいろな動きはありますが、地上に来るときは地面に平行な横揺れになります。

地震の揺れに対しては強い住宅が多いことが北海道地震で、よく分かりました。震度7の揺れを起こす活断層は、日本中にあります。むしろ地震地域係数が小さな地域には活断層がたくさんあります。いざというとき災害対策本部となる役所の庁舎にも「0・9」や「0・8」が気軽に使われているのは、問題です。

現状、日本の建物は、平均的な建物の揺れが同じだとして安全性が確認されていると言えます。昔は比較的良好な地盤に低層で壁も多い建物を建てていたので、建物の揺れを定義することでよかったんでしょう。本来は地盤が軟弱なほど、建物が柔らかいほど建物の揺れは大きくなるのですから、係数は、地盤の軟らかさや、建物の軟らかさに応じて大きくすべきです。ですが、最低基準ということでこのことは考慮されていません。

次の「振動特性係数（R_t）」は、建物の固有周期と地盤の特性に応じて決められる係数。地盤を考慮しているのはいいのですが、私から見ると、なんと

＊ 柔らかい地盤がよく揺れるのは、柔らかいとやってきた波の速度が遅くなるからです。柔らかい地盤でブレーキがかかると、後ろから来た揺れの波にどんどん追いつかれてしまいます。追いつかれると揺れが大きくなります。津波が海辺に近づくと、スピードが落ち、後の波に追いつかれて大きくなるのと同じです。

180度、違った考え方もあると思うのです。

この係数では、硬くて良質な洪積層の地盤を「第1種地盤」、軟らかい沖積層の軟弱地盤を「第3種地盤」、その中間を「第2種地盤」と定義します。そして……、

第1種の硬い地盤＝地盤の固有周期が短い
第3種の軟弱地盤＝地盤の固有周期が長い

と考えて、軟弱な第3種地盤では長周期の揺れを第1種、第2種より大きくしています。一般に、建物の固有周期と地盤の固有周期が一致すると「共振」が起きて、揺れが増幅します。だから、「長い周期の建物では長周期で共振しやすいので、第3種地盤は短周期より長周期に備えよう」と考えたんだと思います。それも一つの考え方なんですが、違う考え方もできます。

＊ 第1種より第3種の地盤に建てる建物の方が、計算上の地震力を減らさないことになっています。

ここで硬いとか軟弱というのは表層地盤のことですが、あまり厚さがない表層地盤では周期1秒を超えるような長い周期になることは稀です。

むしろ長周期の揺れでは表層地盤は基盤と一体的に動き、表層地盤の硬さが違っても揺れは変わらないと考えてもよいのです。

長周期の揺れを生み出すのは、表層地盤ではなく、1㎞オーダーの深い地盤です。軟弱地盤の揺れに対して適切に対応するなら、第3種地盤では、短周期の揺れにも備えて係数を増大させる方がよいとも言えます。

お皿の上のプリン（軟弱地盤）をゆっくり揺すったとき（長周期）と小刻みに揺すったとき（短周期）とでは、小刻みに揺すったときの方がよく揺れます。これは今の「振動特性係数」の考え方とは逆の考え方になります。

今さら違ってるかも、なんて言えない？

なぜこんなことになったのかと言うと、この係数の理論が考えられていたのは１９７０年代。当時、軟弱な「地盤の揺れ」を表す観測記録は１９６８年に起こった十勝沖地震における八戸港湾の揺れくらいでした。

そこは埋立地だったので、短い周期の揺れは液状化などで減衰して小さくなって、長周期の揺れが記録として残りました。この記録などを基に、「軟弱地盤の方が、長周期の揺れが多い＝固有周期が長い」と考えられました。

これは間違っているわけではありませんが、軟弱地盤の方が揺れが強く、短周期でもよく揺れることが多いのです。

一方で、ユサユサとした長周期の揺れは、波長が長いので、地盤の深いところも浅いところも一緒に揺らします。だから、地盤が硬かろうが軟らかかろうが、同じように揺れます。こうした最新の知見が振動特性係数では正しく反映できていないのです。

＊ あまりに専門的になってしまうので省きますが、最後の「地震層せん断力係数の高さ方向の分布（Ai）」も勘違いされていることがよく見受けられます。地震層せん断力とは、建物に生じる内力で、建物に作用する外力を足し算したものです。内力を外力と勘違いしている人が多いようです。

そうして見ると、建物を設計するときの基本中の基本の数式が、十分に理解されずに使われている可能性がありそうです。

この40年ほどの間に、さまざまな科学的知見が出てきました。地震の揺れについての科学もすごく進展しました。でも、工学の世界は一度やり方を決めてしまうと、なかなか変えられない。長い間、使っているものですし、昔の大御所がつくったものだからと、その数式の意味を考えず使っている場合が多いのです。使い方や考え方を誤解していると大きな間違いにつながります。一度普及した考え方を見直すのは大変です。

地震予知のことだけを批判できません。ここには予知の悩みと同じ問題があります。

＊ 一度法律をつくると、それを改正してもさかのぼって古い建物に新しい規定が適用されるわけではありません。この結果、現行の法律を満たさない建築が増えます。だから役人は法改正を嫌がるのかもしれません。

耐震工学の父・佐野利器の宣言

少し話を戻します。

標準せん断力係数の「0・2」はもともと、佐野利器《としかた》という建築構造学者が提唱した「水平震度」から出発しています。

1880年に山形県で生まれた佐野は、東京大学で建築を学び、辰野金吾とともに東京駅の構造設計などを担当しました。

東京駅竣工前の1906年、米西部で起きたサンフランシスコ地震を調査。壊滅的な街の被害を目の当たりにしながら、鉄筋コンクリート造の耐震、耐火性も確認し、日本でも普及させるべきだと決意しました。

1915年には、「家屋耐震構造論」で工学博士を取得。この中で震度法という概念を提唱しました。

それから1923年、関東大震災を経て、佐野が公

＊　佐野利器は複雑な地震力について「水平震度」の概念を導入しました。日本最初の鉄骨構造建築である日本橋丸善を設計しています。ただ、この震度は水平加速度を重力加速度で除したもので、気象庁が発表する震度階とは異なるものです。

佐野利器

写真／山口三郎兵衛氏提供

に宣言したのが次の一文です。

「諸君、建築技術は地震現象の説明学ではない。現象理法が明でも不明でも、(地震現象の理学的解明ができてもできなくても)之に対抗するのが実技である、建築界は百年、河の清きを待つの余裕を有しない」(耐震構造上の諸説、『建築雑誌』1926年)

つまり、地震そのものの現象が明らかになるまで建物をつくれないなどというのはダメ。建築界にそんな余裕はないと述べています。

耐震設計を普及させるには、みんなが扱える単純な方法がいい。そこで佐野が考え出したのが、建物の揺れ(水平加速度)を重力加速度で割った水平震度を建物の重さにかけた力に対して建物の安全性を確認するという単純な計算です。例えば、建物の揺れが200ガルとして重さに「0・2」をかけるだけです。建物が揺れたら加速度が生じる。加速度に重さをかけたら建物に作用する力に

＊ 物事の本質が分かり、単純化するのは一番難しいことです。それをやった佐野利器は大人物。目的は安全な建物をつくることで、そのためには多くの人が使いやすい単純なものの考え方をつくった。えてして難しいことを言う学者が多い中で、研究のコミュニティーではなく社会の方を見ていた人です。

なる。力は時々刻々変わるが、最大値だけを見れば安全確認はできる——などの考えで導き出した「震度法」と呼ばれる概念です。

本当の地震の揺れはメチャクチャ複雑なのに、最も大事なことを単純化した。単純化することには功罪の両面がありますが、これはすごく画期的なことでした。ただし、佐野は、煙突のように細長いものには使わないようにとの注意も書いています。さすがです。超高層ビルもイメージしていたのかもしれません。

佐野は工学者の立場でありながら、理学者ともよく付き合いました。その上で、理学的なことが全部解決するのを待っていたらダメだと言った。工学者としてものすごく器の広い人、全体を見渡せる人でした。

だから、関東大震災のときは後藤新平に見込まれ、帝都復興院の理事・建築局長という、耐震工学者とは思えないような大きな仕事を任されました。その後は東京市の建築局長など、官僚としても辣腕《らつわん》を発揮、清水組（後の清水建設）

の副社長も務め建設業の近代化もリードしました。まさに、産官学でそれぞれ大きな足跡を残したのです。

紆余曲折たどった耐震設計の歴史

関東大震災では、佐野の弟子にあたる内藤多仲《たちゅう》が構造を手掛けた日本興業銀行の建物が、ほとんど壊れませんでした。その4年前に制定されていた「市街地建築物法」には、耐震についての規定は何もなかったため、地震の翌年に佐野の「震度法」を用いた耐震規定が導入されます。それが実質的に、世界で初めての耐震基準となりました。

ところがその後、日本は大戦に突き進みます。戦時下に耐震などとは言っていられません。太平洋戦争下の1944年には「臨時日本標準規格（第532号「建築物の荷重」、第533号「建築物強度計算の基本」）」が導入され、設計の際の地

＊ 初めて耐震基準が導入されたときには、水平震度「0・1」が規定されました。当時は材料の安全率が3、地震学者の石本巳四雄が推定した関東大震災の東京本郷の揺れは300ガル程度。建物は壁が多く低層だったので、地盤と建物の揺れはほぼ同じ。ですから、この規定は東京本郷程度の揺れに対して建物の安全を保障するものです。

震力が一律に減らされました。

その結果、何が起こったでしょう。同年に起きた東南海地震では、紡績工場の柱を抜いて飛行機工場にした建物が地震でつぶれ、学徒動員されていた多くの若者が犠牲になりました。

戦後の1948年には福井地震があり、福井市のほとんどの建物が壊れました。鉄筋コンクリート造だった大和百貨店もつぶれたため、これはマズイということで1950年に建築基準法がつくられ、改めて耐震基準が導入されました。

それまでの市街地建築物法は大都市だけに適用される法律でしたが、建築基準法は全国に適用される法律で、そこに明確に耐震基準が書き込まれたのです。

1968年の十勝沖地震では、強いと思われていたコンクリートの函館大学や八戸の図書館が壊れました。そこで、1970年に建設省の新たなプロジェクトが始動、1978年宮城県沖地震でも同様の被害が出たので、1981年

＊ 建築基準法制定時に、地震に対する安全率が3から1・5と半分になったので、逆に水平震度は0・1から0・2と倍になりました。

＊ 1964年の新潟地震では、コンクリートの建物はそう壊れず、液状化の被害が多く出ました。建物が傾いただけだったので、耐震規定は変わりませんでした。

から新耐震設計法が建築基準法施行令に規定され使われるようになりました。

それまでは加速度が200ガルの建物の揺れに対して、建物がまったく壊れないという設計法でしたが、新基準では1000ガル程度の建物の揺れに対して、建物は壊れても、人命は損なわないという終局強度型の設計に。一次設計は200ガル、二次設計は1000ガルという、二段構えの構造設計が確立され、現在にも引き継がれています。

前にも書きましたが、気を付けないといけないのは、この揺れは地盤の揺れではなく、建物が壊れなかったときの建物の平均的な揺れだということです。昔と比べ、軟らかい地盤に建つ軟らかい高い建物が増えているので、本当は建物は揺れやすくなっています。設計で考える建物の揺れが同じであれば、考えている地盤の揺れは減っていることにつながります。

また、鉄筋コンクリートの建物では、壁の多い建物では建物はほとんど壊れないことを前提にして設計するのですが、壁の少ないラーメン構造（Rahmenはドイツ語で「枠組み」のこと）では、建物が損傷することによるエネルギーの吸収効果を期待して、建物の空間を残して人命を守る設計をします。前者の壁の多い建物は大地震後も使えますが、後者の壁の少ない建物は継続使用が難しいと思います。でも、同じ「耐震」という言葉が使われています。

壁の多い建物は揺れにくくて、本当に強いんです。熊本地震のとき、震度7を受けたのに、2階建ての西原村役場がびくともしていなかったことを思い出します。北海道地震でも、震度7だった場所の住宅は壁が多かったので、ほとんど被害がありませんでした。

忘れられた設計思想

1995年の阪神・淡路大震災では、1981年以前の「旧耐震」の建物に被害が多く、新耐震設計法の妥当性が証明されました。

＊ 私は設計関係者を相手にした講演でよく「スリット入れてラーメンはダメ」と言います。ラーメンは、柱や梁で骨組みをつくる架構のこと。スリットは柱と壁との間の隙間のことです。ラーメン構造で設計するとき、柱と壁がくっついていると計算プログラムでは、柱と見なしにくくなり、計算が面倒になります。そこで柱と壁の間に隙間をつくることがあるのですが、建物が柔らかくなる結果として、想定する地盤の揺れを過少評価したり、建物の強度の実力を下げていたりすると思います。

ただし、後述するように本当は新耐震でも背の高い建物は結構、壊れていました。

橋本・クリントン会談による規制緩和の一環として2000年、建築の耐震基準が見直され、少し新しい設計法が導入されました。日本の設計法の仕様が「貿易障壁」とみなされ、仕様を規定する設計法から、性能を規定する設計法へ転換しました。

木造住宅についても耐震規定が強化され、この年を境に木造住宅の安全性は向上しました。筋交いのバランスのよさや、金物補強の規定が厳しくなったのです。熊本地震ではこの2000年を境に、住宅の被害に差があることが分かりました。

新しい設計法では、「時刻歴応答解析」や「限界耐力計算」など、地盤や建

阪神・淡路大震災により
今にも倒壊しそうなビル

写真／時事

＊ 姉歯事件は、姉歯秀次・元一級建築士が構造計算書を偽造し、耐震強度を擬装したとされ起訴された事件。「アネハる」(手抜きをすること)という流行語が生まれました。

物の複雑な動きを考慮した計算法が開発されました。しかし、手間とコストがかかるため、ほとんど使われていません。そして、従来通りの簡易な設計法が、佐野ら先人の思いなどが忘れられて、コストを増やさないために利用されています。

耐震技術は向上したとはいえ、洪積台地上に多くの低層建物が建てられていた時代と、川が運んだ土砂でできた沖積低地上に中高層建物が林立している現代とで、どちらが安全かは分かりません。

それは、多くの設計者が気付いていない、意外な落とし穴です。

2005年には、いわゆる「姉《あね》歯《は》事件」で耐震設計のチェックが厳しくなり、翌2006年から構造設計一級建築士や構造計算適合判定制度などが導入されます。

＊ 限界耐力計算の手続きでは、地下深くの通常杭を支持するようなところの揺れ方を規定しています。地盤の揺れを想定して建物の揺れを考えます。従来の建物の揺れから考えるのとは全く違います。

軟弱な地盤では揺れが大きくなり。軟らかな建物も揺れが大きくなります。最新の科学的知見を入れた先進的な設計法ですが、中層以上の建物だと地震力が大きくなり、従来型の許容力度計算法の方がコストダウンできるから皆そっちを使います。

さらに、限界耐力計算法は計算の手続きが面倒です。2000年に導入されましたがほとんど使われていません。

上杉鷹山は「為せば成る　為さねば成らぬ何事も　成らぬは人の為さぬなりけり」と述べ、鷹山の師、細井平洲は「勇なるかな勇なるかな、勇にあらずして何をもって行なわんや」と語りました。私の母校、愛知県立明和高校の前身である尾張藩校・明倫堂の初代督学（校長）であった平洲は、開校のとき「學《がく》思《し》行《こう》相《あい》須《ま》つ」（学び、考え、実行することの三つがそろって、初めて学んだことになる）という言葉を残しました。身にしみます。

今こそ、国民の命を守る建築技術者の気概が問われているのではないでしょうか。

安全が軽視される組織

モノづくりは失敗の連続です。失敗しながら少しずつ改良していくのが日本の技術力でした。ところが、最近は失敗が許されません。工場でつくったもの

＊　この国の深い地下構造がこうなっているといってモデル化をしている地質コンサルの専門家は若干名しかいません。いろんな人がいろんな会社に発注するけれど、最後はその人に行きます。彼は地下のさまざまなデータをコンパイルして「地下はこうなっている」とモデルをつくります。

は不良品がない、コンピューターで計算したものは間違いがない、との思い込みも大きくなっています。

過去に失敗をした人は、自分たちの力はたいしたことがないし、人間は失敗するものだと知っています。そういう人が組織の上司だと、下の人の仕事がちゃんとチェックされます。

ところが、今の超高層の制振や免震は新しい技術なので、多くの上司はそうした設計を余り経験していません。だからチェックする力が足りないのです。技術の変化に追いつくのも大変です。一方で若手は新しい技術は得意だけど、計算機を信じすぎ、現場や地震被害調査の経験が少なく、そのため問題が見つかりにくいのです。その上、人、金、時間の余裕がありません。このところいろいろなところで見つかる不祥事の原因とよく似ています。

自治体や大企業は、かつて「営繕」部隊を組織内に抱えていました。

＊ 大学も同じで、かつては設計の経験もした教員が多かったのですが、今は研究が細分化し、論文を書くので精一杯。大学で建築の一部を研究するだけで、業務経験がない人では、建築の安全審査はできないはずです。これでは、学識者として建築物の安全審査をすることなどできなくなってしまうでしょう。全体として、安全なものをつくったり、検査したりすることができない社会になりつつあります。

今は外部に「丸投げ」。あるいはゼネコンや設計事務所の職員を出向させています。

その設計事務所の中でも、安全を担う設計をする人（構造設計者）が減っています。安全のウェートが低く、形ばかりの計算書をつくらされるようになってきたからです。自前でやると人件費がかかるので、安い構造設計事務所への下請けも増えています。結果、役所や会社では、建築のことを知らずに、外注している人ばかりになってしまいました。

ホンネの審査、形式の審査

建物の設計段階での安全審査には、私もよく駆り出されました。設計業者とマンツーマンで2時間ほど詰めて話し、宿題を何度も出す。普通は2回くらいですが、4回ぐらい繰り返したこともあります。審査結果をちゃんと委員会で報告するから、自分でしっかり理解し、審査の責任を取る必要があります。

設計業者には随分ダメ出しをしました。私がうるさいことを言うので、コストアップして当初の設計よりもフロアが一つ減ったとうわさされているビルもあります。

私は若いとき、凡ミスも含めていっぱい間違いをしたので、人がやった計算も間違っていて当たり前だと思っています。設計者もいろいろな失敗をしているはずで、そのことを気にしているかどうかを、相手の目の色を見ながら聞いていきます。書類よりも相手の目が大事。相手の顔を見ます。

「この値はどうやって検証したんですか？」と言って、相手の目が宙をさまようとだいたい、チェックが甘いことが分かります。そういうときは、手元で簡単な計算をして、計算のオーダーが合っているかチェックします。そして……。「もうちょっと教えてください」「どういう前提ですか」などと迫ると相手はバンザイします。そして、間違いが見つかります。大学でのゼミも、学生の計

＊ 最近は、本務が多忙になってあまり審査をやらなくなり、今やっているのは地元の性能評価機関でだけです。複数の業者をいっぺんに審査する他の機関と違い、そこは業者と審査する側がマンツーマンでやっています。そうすると仕事が増え、費用も高くなるので敬遠する業者もいます。

算結果のあら捜しを一生懸命しています。早くに見つければ致命傷になりませんから……。

　こういう場で、私は相手にホンネを言ってもらう方法を身につけ、今は「ホンネの会」で実践しています。

　厳しい審査をすると、恨まれることもありますが、感謝されることも多いのです。「よくぞ言ってくれた」という発注者もいました。特に東日本大震災の後はメチャクチャ感謝されました。震災前の厳しい審査のおかげで助かったという声もありました。

　全般に審査は形式的になっているようです。審査委員会の「前さばき」をする人がいて、審査委員会で10分か15分、報告して「マル」にしてしまう場合もあります。これでは具合が悪いところは見つけられません、余裕のない社会になったので仕方なさそうです。実は、審査できる人は経験豊富じゃないといけ

＊「前さばき」には無駄をはぶくよさと、本質を隠す悪さがあります。無駄をはぶいてよい設計にする前さばきならいいし、多くの場合はそうだと思います。しかし、安全性を高めるためいろいろな意見を聞く必要があるときはまずい。特定の人がすべてを見ると、不正があってもチェックしにくくなります。

ないのですが、経験者がだんだん減ってきて、高齢化も進んでいます。これからが心配です。

ゼネコンは社会の不具合を引き受ける

社会の安全を担うゼネコンは、社会のいろいろな問題の処理係です。困ったことを引き受けるのがゼネコンと言ってもいいぐらい。私も、大学院修了後、10年間ゼネコンに勤務し、育ててもらいました。

ゼネコンの仕事は、新しいものをつくりだすことだけではありません。あらゆる具合が悪いことの問題解決をするとか、困ったことはゼネコンに「片付けて」もらうといった形で社会の具合の悪いことが、全部建設業界に押し付けられています。これはゼネコンの良し悪しというより、社会の問題でもあります。福島原発の後処理もゼネコンが引き受けなければできません。社会の難しい部分を背負い、それでもギリギリで法令順守をしているのが、今の大手ゼネコンの実態です。

ゼネコンの偉い人の多くは、現場出身の人。工事現場で材料調達から人の手配、近隣住民の対応までの段取りや問題解決を担う。現場で一つの会社を回すような人が、人間的に強くなるので偉くなっていきます。

現場で客の対応をして、得意先にかわいがられます。営業所長ぐらいから、接待のために黒塗りの車と運転手がつきます。そして仕事を取ってくると役員になり、社長になるのです。そういった出世コースをたどります。

安全の意識は「工事の安全」が中心で、地震防災の視点とはちょっと違います。不具合がなく、死亡事故もなく建築すること、工期を守り、利益を上げることが最優先。客の接待も多いので、酒やゴルフの話が得意で頼りがいがあります。ただ、他業種の社長のように、おしゃれな教養あふれた話題は苦手かもしれません。それがゼネコンの社長の典型的なイメージです。

＊ 技術者として構造に詳しい人や、研究者が社長になることはまずありません。意匠設計者のように、おしゃれな建物をつくる人が社長になることもないでしょう。

建設業の冬の時代やバブル崩壊を経て、安値競争で少なからぬゼネコンがつぶれました。社員を抱えて、下請けもつなぎとめなければいけないので、いつも人を動かしていなければなりません。損をしても仕事を取らねばならないこともあります。ランドマークとなっているビルを「半額受注」したという話を聞いたこともあります。半額受注をして削れるのは安全性だけです。業界は疲弊していく一方です。

それでも、国際的にみれば、日本の工事のクリアさは世界一。順法意識も高いし、耐震基準も厳しいのです。ただし、世界一地震が多く、地盤が軟弱であることを認識し、極端なコストダウンをすると問題が出てくることを自覚する必要はあるでしょう。

＊ 私が若いとき、ゼネコンにお世話になって学んだことは「仕事は断らない」「お客さんのことを考える」「締め切りは守る」でした。

依頼を受けた件についてはできるだけ頑張ります。受注産業ですから、仕事のえり好みはしませんでした。自分のやりたい研究の成果を一方的に出す学者の世界とは大きく違います。

あと、ゼネコンではみんなが一つのものをつくるために協力しますが、大学の研究は基本的に1人の世界。協力が苦手です。

超高層ビルの問題

トラウマになった揺れ

私は、超高層ビルをつくるのは、もうやめた方がよいと考えています。そんなに高い建物をたくさんつくる必要があるでしょうか？

それが絶対に安全なものならこんなことは言いません。でも、日本の超高層ビルがコストカットを重視してきたことは否めません。初期のビルは長周期地震動のことはあまり考えていませんでした。大手町や丸の内で、初期の超高層が建て直されていますが、機能が古くなったからだけでしょうか。長周期地震

＊ かつては、高層ビルは長周期地震動を前提に設計されていませんでした。高層ビルは20年に1回ぐらいリニューアル工事がありますが、そのときリニューアルするか、それでコストをかけるより建て替えた方がいいかという判断をします。耐震性の不安や設備の老朽化によって建て替えが進んでいます。

動の対策も含まれているような気がします。

私は1983年の日本海中部地震のとき、日比谷公園の近くにある28階建てのビルの27階に勤めていました。ビルがゆっくり揺れ始め、ブラインドがブラブラっと大きく揺れました。テレビを見ると震源は秋田沖だと言います。「超高層ビルってこんなに揺れるんだ」と思ったのが出発点でした。

次にびっくりしたのは2000年の鳥取県西部地震です。

そのときは名古屋・栄の8階建てビルの一番上の階で、建築の構造設計者向けの講習会をやっていました。やはりグラグラっと揺れて、メチャクチャ大きい地震

東京の高層ビル群

写真／時事通信フォト／朝日航洋

が起きたと思ってテレビを見に行くと、鳥取の地震。高層ビルやラーメン構造の建物は揺れるんだと、すっかりトラウマになり、そこから超高層問題に取り組み始めました。

阪神・淡路大震災の論文を読んでいると、小さな図の中に、大阪のとあるビルが、メチャクチャに揺れている波形を見つけました。「なんでこんなに揺れたんだ」と自分の目を疑いました。

神戸では周期1秒の揺れがいっぱい放出されて、1秒で揺れやすい10階建てくらいの三宮の建物が中間階からグシャッとつぶれました。

震源から離れた大阪の高層ビルが、4秒くらいの周期で、共振でものすごく揺れていました。でも、そのことはあまり表に出なかった。クライアントにとっても設計者にとっても、具合が悪かったからでしょうか。

これまでの構造設計では、外力は誰かが決めてくれることになっていました。でも、実際の外力は建物の揺れ。それがどう生み出されるかは、地盤の揺れと

＊ 大阪の高層ビルが長周期地震動ですごく揺れたことが表に出なかったのは、業界は基本的に建築主に迷惑がかかることは言わないものだからです。こうした経験を今後の建築に生かせばいいのですが、建築は大量生産の工業製品でなく一品生産だから、経験が次に生きにくいところはあります。

建物の揺れの相対関係で決まります。長周期地震動を受けて共振すると、こんなに揺れる。それから、私は「長周期！　長周期！」と言い続け、そのころ付き合いのあった報道関係者と一緒に、長周期地震動を検証する番組や記事を名古屋でいっぱいつくりました。そのために、いろいろな揺れを再現する実験道具「ぶるる」もつくりました。

兵庫県にある実物大の振動実験施設「Ｅ－ディフェンス」でも実験をしました。超高層ビルの一部を模した構造を激しく揺さぶりましたが、一見無傷。でもよく見ると、柱と梁の間がバシバシに切れていました。一度切れていたのが、元に戻ったから、最初は気付かなかったのです。少しくらい切れたところがあっても、全体の形は変わらないので、気が付きませんでした。

＊「Ｅ‐ディフェンス」は国立研究開発法人防災科学技術研究所がつくった世界最大級の実験施設「実大三次元震動破壊実験施設」。15メートル×20メートルの震動台の上に最大1200トンの構造物試験体を載せ、阪神・淡路大震災を上回る地震動をおこし、どう壊れるかを研究します。

真下に落ちていく感じ

超高層のいろんな問題を検討していたところで「3・11」が来ました。

私は、東京・青山の高層ビルにいて激しい揺れを経験。その後、大阪府が府庁移転を検討していた咲洲庁舎の安全性を見直す会議に出ました。あのとき、咲洲庁舎の中にいた人は「このまま折れて自分が真下に落ちて行くんじゃないかと恐怖を覚えた。ジェットコースターで落ちる瞬間のイメージだった」と言っています。

揺れた建物が全体に曲がるから、地上が見えたということだと思います。

「3・11」の直前、国交省は長周期地震動の影響を見直そうとパブリックコメントまで出していました。しかし、震災が来たのでいったんそれを引っ込めて、6年後の2017年にようやく正式に見直しを決めました。新しい長周期地震動対策では、大阪湾岸に超高層をつくりにくくなっています。これまでの想定より、揺れが倍になったからです。

2000年に建築基準法が改正されるまで、超高層ビルの設計では「エル・

セントロ、タフト、八戸」という波形がよく用いられました。

エル・セントロは1940年の米カリフォルニア州で起きたインペリアルバレー地震のときにエル・セントロという変電所でとれた揺れの波形です。タフトは1952年、同州で起きたカーンカウンティ地震のタフトという場所の波形。

これらのデータは日本の学者、末広恭二氏がアメリカで講演したことをきっかけに、アメリカで強震計が開発・設置されてとれました。日本ではずいぶん遅れて強震観測が始まり、1968年の十勝沖地震で、八戸港湾の強震記録が取れました。前にも書いたように、軟弱な地盤で長周期の揺れがたくさん出ました。

この三つの揺れは、周期2秒のところは地震動の大きさが共通して小さいので、超高層ビルの周期を2秒にすれば、これらの地震動と共振して大揺れすることはないと考えられました。だから日本の超高層ビルは周期2秒にして設計していることが多かったのです。「2秒狙い」「谷間狙い」などとも言われてい

＊ エル・セントロ、タフト、八戸の波形は非常に特徴のあるものですが、これだけではまずいので今は「告示波」という特徴のない波も使っています。告示波がつくられる前には日本建築センター（ＢＣＪ）波というのがあって、状況は改善されていました。告示波やＢＣＪ波が使われるようになり、谷間狙いはされないようになりました。

＊ 末広恭二は関東大震災後、寺田寅彦とともに東京帝大地震研究所を創設し、初代所長になりました。

ます。

しかし、「建設地点とは縁もゆかりもない三つの観測波が幅をきかせているのはおかしい」という指摘もありました。もしも周期2秒で揺れやすい地盤に建物が建っていたら、予定外の揺れになるはずです。その後、阪神・淡路大震災以降の設計では、谷間のない地震動も考えるようになってきましたが、今もこの3波は設計に使われています。

新たなリスク「長周期パルス」

大阪の湾岸に対して、中心部の上町台地のようなところで危惧されるのが「長周期パルス」です。パルスは「拍動」。直下で活断層が地表までずれると、断層のずれだけ地盤が動きます。ずれる速度は1m毎秒程度、2mずれると2秒間の揺れになります。周期の長いパルスが一撃で襲ってきます。免震ビルや超高層ビルが苦手とする揺れです。

本当は長周期パルスというより「大変位パルス」と言った方がいいかもしれません。断層が大きくずれることによって一瞬、脈打つようなパルスが生じます。熊本地震の西原村では、3秒の長周期パルスを伴って、断層が2メートル以上ずれました。

1〜2メートルぐらいなら、超高層ビルが倒れるところまではいかないと思いますが、免震ビルはビルが擁壁《ようへき》にぶつかるかもしれません。過去最大の内陸型地震だった濃尾地震のように、8メートルぐらいのずれだったら、超高層もバタンといくかもしれません。1999年の台湾の集集地震のときは、10メートルもずれています。

もし、大阪の上町断層が横に4メートルずれたら、マズイかもしれません。上町断層が地表まで断層が切れることは、たぶんないと思いますが、地下の地盤の周期が一致しているとマズイことが起きるかもしれません。

東京でも、建物が揺れやすい周期より長い周期のパルスがきたとき、長周期

＊ 通常の免震ビルでは、地面を掘削してつくったコンクリートの箱のような擁壁の中に免震装置があり、その上にビルが乗っています。そこに思いもよらぬ長周期の大きな揺れが来て装置がグニャリと変形すると、建物が擁壁にガ〜ンとぶつかり、その衝撃で建物が損傷する可能性がありま す。

のビルがヤバイです。めったに来ないとは思いますが、大都会はそんなリスクも抱えているのです。

「倒壊危険リスト」はまだ甘い

「『震度6強で倒壊危機』の有名建築」
「大きな地震で『倒壊危険性が高い』大型施設」
「首都崩壊マップ」——。

2018年4月から5月にかけて、週刊誌がこんな見出しの大特集を相次いで掲載しました。いずれも東京都が同年3月末に発表した「要緊急安全確認大規模建築物」などについての耐震診断結果を報じたものです。

2013年に施行された改正耐震改修促進法では、1981年以前の旧耐震基準で建てられた建物のうち、不特定多数の人が利用する大規模なものや、災害時に緊急車両が通る道路沿いにあるものなどを対象に、2015年末までに耐震診断を実施して自治体に報告するよう所有者に義務付けていました。

政令指定都市では横浜市や大阪市、名古屋市などが順次、結果を公表しましたが、遅れていた東京都や札幌市などもようやく公表。ふたを開ければ新宿や渋谷、新橋などの有名建築、あるいは大学病院などが「危険」と判断されて、センセーショナルな記事となったわけです。

しかし、私から見れば、公表されたリストもまだ腰が引けています。行政の人たちは、リストを出すことで民間のビル所有者に対して申し訳なく思ってしまうのでしょう。だから、ホームページでもあまり目立たないように出しています。

本当は国が全国のリストを集めて、誰でも分かるように公表しなければいけません。それで、ちゃんと建物を直したら「×」を「○」にしてあげればいいんです。

＊　橋のどこが危ないかというような情報はどこにも公表されていません。それは困る。私有建築物である緊急安全確認大規模建築物だけ公表させておいて、個別の橋の耐震性を教えないのはおかしいと思います。この情報がないと、自分の使っている道路が災害時に大丈夫かどうか判断できないので、事業の継続の判断ができません。

公表されたもの以外にも、危険な建物はいっぱいあるはず。にもかかわらず不特定多数が利用する大規模な特定の建物しか把握できていないのが問題です。個人情報などが壁になって、行政も市民も情報をつかめません。

商業ビルは、オーナーが使うものだったら、壊れたら自社が成り立たないので耐震化を進めます。しかし、他人に貸すテナントビルでは、なかなか進みません。入居者に出ていってもらってまで、工事をしたくはないからでしょう。

そうした場合は、ビルを「使いながら耐震化」する方法もあります。一つは建物の基礎を免震にするやり方です。上の建物はいじらずに、下の工事だけで済みます。愛知県庁や名古屋市役所の工事はそうでした。国土交通省の建物や東京駅、国立西洋美術館などもそうです。もう一つは、中は補強せずに外側から補強するやり方です。外殻補強という、建物の外側から補強することで、中は使いながら工事ができます。建物の外にバッテンの形がついているビルを見かけると思います。

必死さが生んだホンキの耐震

役所の建物の耐震

では、行政の建物は大丈夫なのでしょうか。

公的な庁舎、学校は耐震化率１００％を目指さなければいけません。学校は文部科学省が十分な補助をしているから、耐震化率は95％以上いっています。もともと学校は教室の境に壁の多い低層の建物が多いので、南北の揺れにはとても強いです。柱と梁でのラーメン構造が多い中高層の庁舎よりは耐震的実力が高いのです。

　それに対して、役所の耐震化はあまり進んできませんでした。合併した市町村では合併特例債などで庁舎新築が進みましたが、特に合併しなかった市町村の庁舎耐震化が遅れています。

　それは役人が学校の耐震化を優先し、自分たちの庁舎は後回しにして、一般市民にいい格好をしてしまうからではないでしょうか。でも本当は、役所の建物は、災害後に被災者の救済や復興の中心として機能し続けなければなりません。「地震地域係数」のところでも触れましたが、役所の建物は頑丈でなければいけないのです。

　鉄筋コンクリートの建物には「ルート1」から

壁構造とラーメン構造

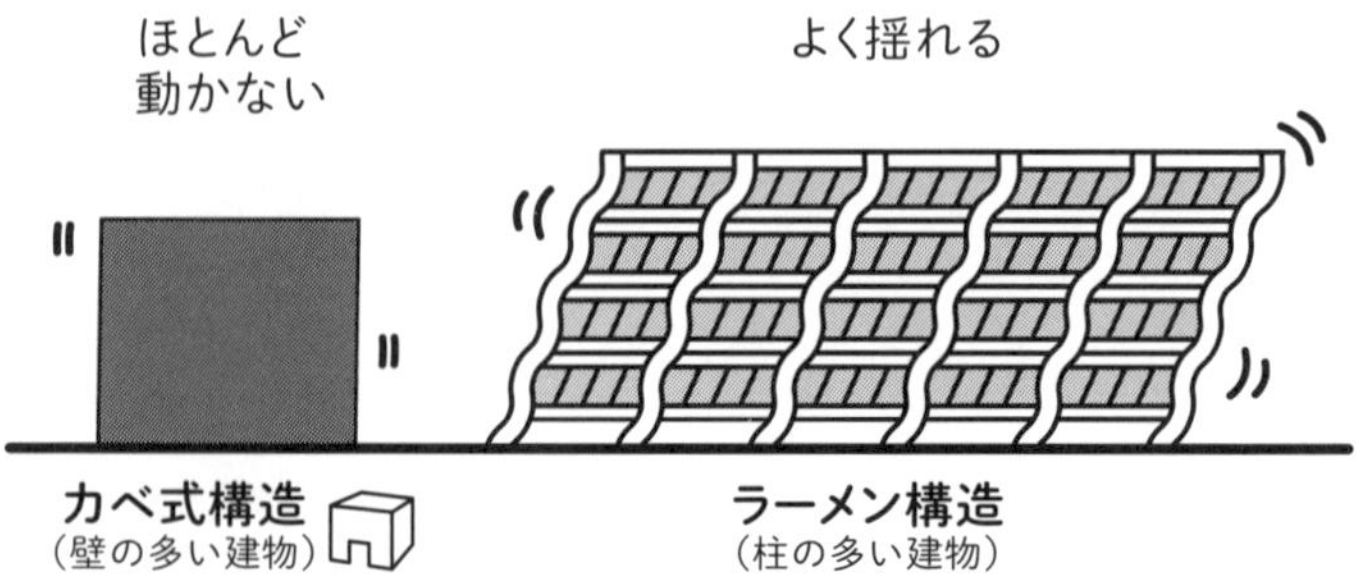

「ルート3」まで3種類の構造設計法があります。「ルート1」は壁だらけで、地震に対して無被害を想定しています。「ルート3」は柱と梁でできたラーメン構造で、損傷させることによってエネルギーを吸収して空間を残し、人命を守ることを想定しています。ルート2は2つの中間です。同じ耐震でも全く異なる考え方です。ルート3は、大地震の後は損壊して使えないことが前提ですから、庁舎には向きません。

熊本地震で損壊した宇土市の庁舎は、地震後に使えなくなりました。震度7の益城町も含め多くの庁舎が、地震後、機能を停止しました。一方で、西原村の役場はもともと壁っぽい建物で、地震後もきちんと機能しています。「ルート1」か「ルート3」、役所の建物にとって、どちらがいいかは明白ではないでしょうか。最近、ガラスの多い格好を優先させた役所が増えていることが気になります。

西原村役場

被害を受けた宇土市役所

安い工法を県独自の補助対象に

住宅を耐震化するまでのハードルは四つあります。

①人の意識
②耐震化を進める仕組み
③お金（助成）
④効果的で安い工法

①の意識啓発では、私は耐震教材の「ぶるる」シリーズをつくりました。2006年当時の小泉純一郎首相と安倍晋三官房長官にも手渡して、木造住宅の筋交いの効果などを説明したものです。そして、「ぶるる」を持ってあちこちに出前講座に出かけました。私の子どもも小さかったので、子ども向けの親子防災スクールにもよく通いました。

②の仕組みを実現するために、国の予算をとることにしました。大学間連携をすれば研究費を付けてくれそうだと分かったので、名古屋工業大学と豊橋技術科学大学に声をかけて、耐震化で予算要求しました。自治体との連携が不可欠だったので愛知県と名古屋市にも連携を呼びかけ、2005年に「愛知建築地震災害軽減システム研究協議会（減災協議会）」という組織をつくりました。ここでいろいろな仕組みが考えられました。

そして愛知県では、③のお金の問題を解決するため、耐震「診断」と耐震「改修」の2段階の補助金制度を実現。改修に当たっては2段階で実施することや、室内の耐震シェルターにも補助をするようにしました。④の低コストの工法は、3大学で新しい工法を開発したり、工法のコンペをして良い事例を顕彰したりしました。また、民間からさまざまなアイデアを募り、協議会として審査。愛知県に補助対象として認可してもらいました。

耐震改修の審査は、全国的には日本建築防災協会が一手に引き受けています。

＊ 耐震改修工法の認定審査は、日本建築防災協会のほか、他の審査機関が行うこともあります。愛知県では減災協議会内の委員会で認定しています。

しかし、大きな組織なので、あまり小回りがきかない。私たちの協議会は、この地区の専門家の集まりなので、愛知県独自の補助対象として、安くて普及しそうなものを積極的に認めました。

木造住宅の耐震改修のネックは、「天井や床、壁などを剥がして筋交いを入れ、もう一回内装をやり直す」などの工事にコストがかかること。補強材のコストより、補強に伴う内装材や外装材をはずす費用の問題でした。

そこで、協議会では天井と床下には手を付けず、途中で筋交いをつける工法を開発。耐震性は低いがコストは圧倒的に安くなり、1箇所やってお金がかかるより、お金のかからない方法で2箇所をやった方がよいという判断です。

その場合でも内装は剥がすので、「居ながら」ではできません。「居ながら補強」は大事で、引っ越すとお金がかかります。そこで、建物の外から補強する工法も模索されました。

見栄えを気にせず、建物の外にバッテンを入れようかという話もありましたが、筋交いは中からもボルトを締めないと、接合部が腐って抜けてしまいます。これを解決するため、特殊な形状のボルトで、外側からだけの作業で内側も締め付けられる工法が開発されました。３大学の先生方がいろいろなアイデアを考え実現しました。

こうしたさまざまなアイデアが出てきて、愛知県の耐震改修数は静岡県に次いで全国２位になりました。しかし、研究者側にも行政側にも、もう一つ思いが足りず、徹底的に利用してもらえるような活動にはなりませんでした。そのときに声を掛けてきたのが、高知県の人たちです。

ホンキになった高知の人たち

ご存知のように、高知県は南海トラフ地震で甚大な被害が予測されています。地元の人たちは大いに危機感を募らせていて、「津波から何とか逃げたい。

しかし、家が安全でないと逃げられない。何とかならないか」と総ぐるみで動き始めていました。そこで、愛知県のノウハウを高知県でも活用したいと申し出てくれたのです。

診断と改修の補助金に関しては、公務員的発想だと「診断した人がそのまま改修にたずさわるのはずるい」という考え方になります。そこで、診断する人と改修をする人は変え、さらに全額補助ではなく「工事にかかったお金の半額までで○○万円以下を補助する」といった形にするのが、愛知県を含めて一般的です。

しかし、高知県は思い切ってそこを二点、改善しました。一つは、診断した人が改修までかかわるのを認めること。設計者はホンキになって診断し、改修を説得します。

もう一つは、「改修工事の半額かつ○○万円以下」としていたのを「○○万円以下」だけにしたこと。改修工事が安価なら、補助金だけで無償でできます。わざわざ「半額」と制限しなくてもよいのです。これで、補助金の活用をためらっていた人も、安い工法で全額補助されるならと、安心して申請できます。改修設計する人は補助金額内でできる工事を必死になって考えます。

この実現のため、県職員はあちこちに説得に回り、国にもロビー活動をしました。そのかいあって、高知の人口は愛知の10分の1なのに、耐震化工事数は愛知県と変わらないほどに増加。つまり、愛知県の10倍ぐらい耐震化が進んだのです。

愛知県では安い工法を開発し、啓発方法もつくりましたが、全額補助にはなりませんでした。今、愛知県などでも検討中ですが、今後どうなるのでしょうか。

実は、耐震化率を上げる一番の方法は建て替えです。愛知や東京、神奈川、大阪のように大きな都府県は、建て替えが多いので、改修が進まなくても耐震化率はどんどん上がります。数字だけ考えていれば、そんなに一生懸命、耐震改修しなくてもいいわけです。公務員的に「制度をつくったからいいよね」となってしまいがち。建築行政の中でも耐震化促進、応急危険度判定、仮設住宅、がれき撤去、復興住宅などがバラバラで進みます。大きな県は縦割りの弊害も大きいのです。

一方、高知は高齢化のため建て替えが進みません。でも津波は絶対に来ます。家が壊れたら逃げられません。そうした必死さが「ホンキの防災」を生み出しています。

尾﨑正直知事のリーダーシップもすごいです。防災関連産業を振興したり、制度を変えるために、国土交通省からキャリア官僚を連れてきて課長に据えることまでしています。その課長は国の施策や予算と連動させながら制度を実現。

本人も、今までどの地域でもやったことのないことをやると、キャリアとしての得点になると考えるでしょう。こうして高知は「防災で日本一目立つ県」になろうとしているのです。まさに「災い転じて福となす」を実践しています。

住宅メーカーの新トレンド

設計の審査のところでも紹介したように、私はどんなところにもダメ出しをしてしまいます。それで険悪な雰囲気になることも多いのですが、ダメ出しのおかげで仲良くなったところもあります。その一つが浜松市が発祥の一条工務店です。

一条は創業者が阪神・淡路大震災の後、「このままでは木造住宅は売れなくなる。自分は絶対壊れない住宅をつくる」と言って免震住宅を始めました。普通なら、免震は大手ゼネコンが手掛ける最先端技術の高級品。他のメーカーが免震だけで1000万円はするところ、一条はその数割。

耐震よりは免震の方がずっといいと考え、安くてたくさんつくることができる免震装置を開発しました。誰でも設計できるような設計法も開発し、その設計法を審査にかけて国に認めさせました。

浜松の普通のビルダーでしたが、標準化などで仕事を拡大。さらにあるとき、すべてを海外でつくることにしました。

すごく広い場所を確保し、何から何まで自社でつくります。太陽光パネル、キッチン、家具、床暖房、屋根材。木材も東南アジアで買ったものを全部自分のところで製材、石も中国で買い、加工しています。海外でぜんぶ部品をつくり、それをコンテナに入れて港に上げて、コンテナごと建築現場に送ります。

一方、日本でいらなくなった木材加工などの機械を買って、海外へ持って行きます。

リストラされた技術者も一緒に。現地の従業員は日本人の賃金の10分の1くらいで、労働者もたくさんいます。日本の技術者が彼らを徹底的に鍛えて、品

＊ 自分のところで必要なものを一カ所でつくるというのは、トヨタが三河で始めたことと同じ。自動織機もデンソーもアイシンも、みんな三河に集めつくっていくというビジネスモデルです。

質の高いものをジャンジャンつくるのです。

太陽光発電も、自分たちでつくり、屋根を全部を太陽光パネルにしています。床下暖房も自家製なので、隅までみんな入っています。一個一個よりも総合力。覆える面積が大きければ、総合点では100点を超える、部分最適化ではなく全体最適化で成し遂げたビジネスモデルです。

同じ住宅メーカーでは、旭化成も面白いです。旭化成は野口《のぐち》遵《したがう》という実業家がつくった会社。野口は旭化成のほか、チッソや積水化学工業、積水ハウス、信越化学工業などの実質的な創設者。積水化学はユニット住宅のパイオニアで、住宅のユニットを工場でつくって、トラックに載せて現場に持っていってつなげます。工場製品なので、高品質です。積水ハウスはプレハブ住宅のトップメーカーです。旭化成にはノーベル賞級の研究者もいます

いずれも「化学屋」です。

＊　一条工務店の営業担当は顧客からヒアリングした結果をメールで現地に送信。1000人ぐらいのオペレーターが、マニュアルに従いCAD（コンピュータ支援設計）データをつくり、構造計算をして一瞬にして設計が戻ってきます。日本人100人より、トータルとして能力があると言えます。

化学メーカーは製品をつくるところに素材を提供しています。提供を受けた側も検査をするし、出す側も徹底的な検査をします。性能確認をして出すことが常に行われています。一回法律を破ったら、ぜんぶ終わってしまいます。だから化学メーカーは、経営者までそうした危機感が徹底しているのでしょう。

　自動走行やエコ化を推進する自動車メーカーがつくったトヨタホームにも、自動車技術を生かした新しい住宅を期待しています。

　一方で、建築会社は自分のところが最後の工程です。一品生産で検査精度もまだ甘いようです。電気製品とか自動車など、大量生産品は消費者団体が性能検査をしますが、一品生産の建築物はきちんと設計されているか、工事されているか、検査されているか分かりにくいのです。地震が来るまで性能は分かりません。

　それはいつか、いや、すぐに分かる話かもしれません。と、書き終えたところで、建物用のオイルダンパー問題が発生してしまいました。

＊　オイルダンパー問題＝2018年10月、東証1部上場の産業部品メーカーが地震に備える免震・制振装置の検査データを改ざんしていたことが分かりました。性能検査で国の基準や顧客と約束した数値を満たしていなかったのに、検査員がデータを書き換えて出荷していました。本来、不適合品は分解・調整を行わなければなりませんが、納期などの問題があり不正に走ったといいます。

6章

諦める災害、防ぐ災害

巨大災害をしのぐ破局災害

破局的なカルデラ噴火

防災は災いを防ぐと書きますが、自然災害の発生自体を止めることはできません。台風も地震も必ずやってきます。人間にできることは、少しでも犠牲者や社会へのダメージを減らすこと。それが「減災」の考えで、私の肩書きにもそれを掲げています。

しかし、減災の余地すらない、人間では太刀打ちができない圧倒的に大きな

＊かつて、物理・化学・生物・地学の理科4教科は必須でしたが、最近では高校で地学を学習することは稀です。地震活動期や地球温暖化の時代を迎え、地震や火山、台風などの気象災害や地球環境問題の基礎として、大地、海洋、大気について学ぶことは必須です。そこで、この章では、地球の歴史と構造について復習します。

災害もあります。地球の歴史をさかのぼると、そんな「諦めざるを得ない」災害が少なくないのです。

「カルデラ」という言葉を聞いたことはあるでしょうか。「大鍋」を意味するスペイン語に由来するそうですが、火山活動でできた大きな「くぼみ」のことです。

本当にケタ違いの大きさ。代表的なカルデラであるアメリカの国立公園、イエローストーンは60キロメートルに及ぶ「くぼみ」です。

東京23区がすっぽりと入るような、直径数十キロメートルの範囲で地下にたまった大量のマグマが上昇します。その圧力で発生した地表の割れ目から噴火が始まり、次々とひび割れが連鎖。巨大なマグマだまりの円周を縁取るように火口ができ、巨大な噴煙や火砕流をはき出し、巨大な火口になります。噴煙は数十キロまで達し、四方八方に火砕流が流れ出します。火口が円筒状につながって、支えを失った内側の岩盤がドスンと陥没します。これがカルデラです。

＊ 陥没したところはほとんど湖になりますが、阿蘇は湖にならず、カルデラの後を見ることができ、世にも珍しい所です。

＊ 小さな噴火がしょっちゅう起きるところではしょっちゅうマグマがかき混ぜられます。かき混ぜられず、マグマが長期間たまると出る時はいっぺんに出るので巨大カルデラ噴火になります。

＊ カルデラは地震がおきるところから離れたところにあります。イエローストーンもサンアドレアス断層から少し離れたところにあります。小噴火がないからマグマだまりがどんどん大きくなるのでしょうか。

２００万年前のイエローストーン噴火のマグマ噴出量は２５００立方キロメートルと言われています。１９９０年から95年にかけての雲仙普賢岳噴火の噴出物は０・２立方キロメートルですから、その超巨大さが分かります。

私たちが見ているのは、カルデラ噴火に比べればとても小さな火山活動です。噴火では地中からさまざまなものが噴き出しますが、地下のマグマによって熱せられた地下水が水蒸気となって噴出するのが水蒸気噴火。死者・行方不明者63人という戦後最大の噴火災害となった２０１４年の御嶽山の噴火も、噴出したのはほとんど水蒸気でした。

噴出物による火山爆発の規模の比較イメージ

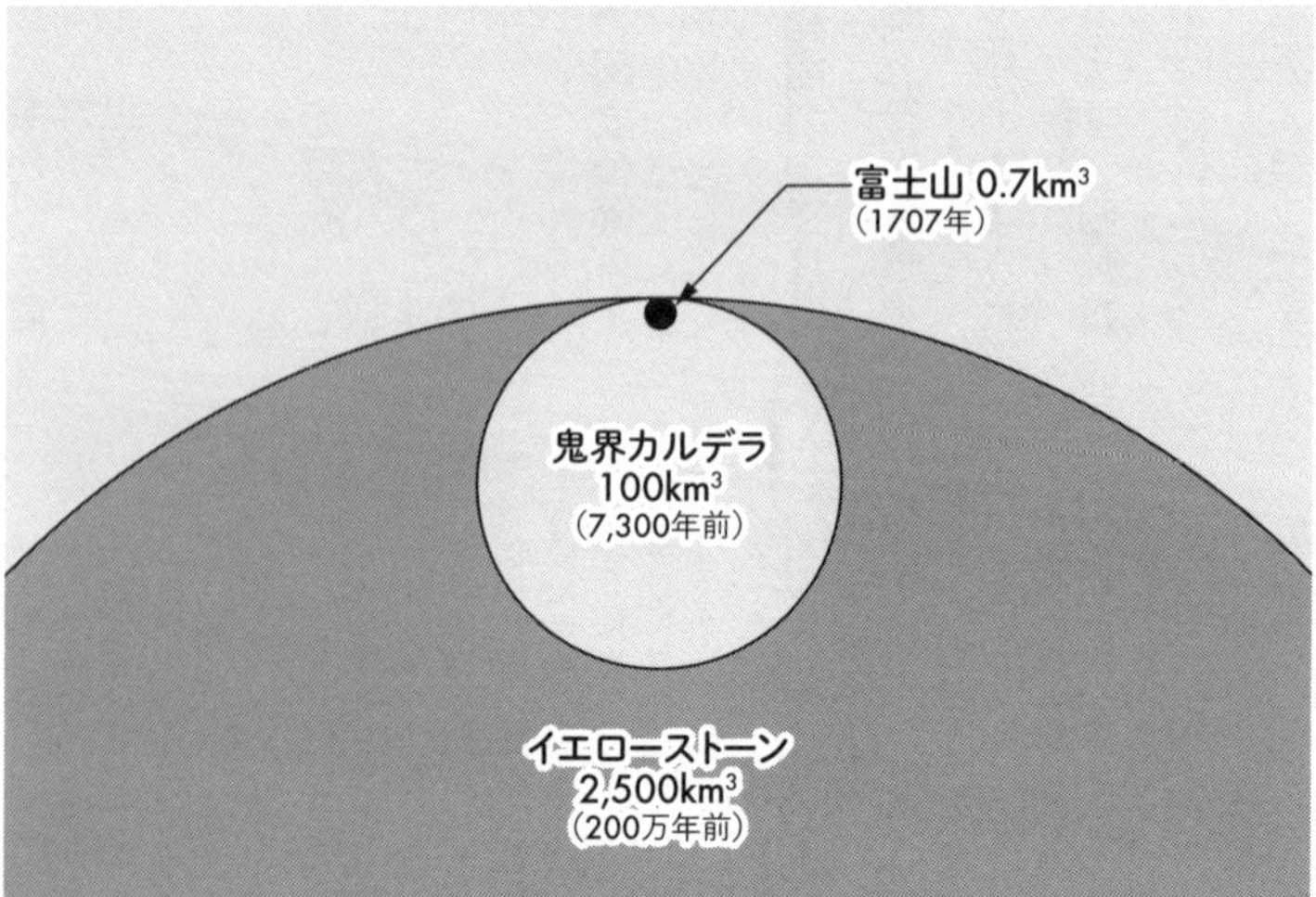

それに対して、地下の水がマグマに直接触れ、引きちぎられたマグマが水蒸気とともに噴き出すのがマグマ水蒸気噴火。マグマの中の水が気泡になって体積が増加し、マグマが地上に噴き出すのがマグマ噴火です。こうなると溶岩が流れ出して、被害はさらに大きくなります。

マグマの中に気泡ができて圧力が高まるのは、地震がきっかけになることがあります。サイダーを揺さぶると泡がいっぱいになって、ふたを弾いて一気に吹き出るのと同じです。地震でマグマがガサガサッと揺さぶられて気泡ができ、気圧が上がって周囲の岩が持ちこたえられずにズドンといく。864年の貞観噴火や1707年の宝永噴火など、富士山の噴火は南海トラフ地震や関東地震の前後に起こることが多く、こうした仕組みで地震と連動しているようにみられます。

しかし、富士山の噴火も宝永噴火ですら1立方キロメートル以下の噴出量なので、「カルデラ噴火」に比べれば、小さなものです。

カルデラ噴火は日本では1万年に1回ぐらいは起きています。前述のイエローストーンは約200万年前にカルデラ噴火を起こし、ほぼアメリカ全土に火山灰が降り注いだとみられています。その後も120万年前、63万年前と超巨大噴火が定期的に起こっているようですので、次は「そろそろ」だという見方もあります。

イエローストーンが噴火すれば、全米の都市に灰が積もり、有毒ガスが出て膨大な人が死に、アメリカは国として破局してしまう。世界は黒雲に覆われ、気温は低下。気候変動どころでは済まない。人類の存亡にも関わるでしょう。

九州や北海道に「破局」の跡

日本列島もカルデラ噴火のあとがあちこちにあります。

最も集中しているのが九州や北海道で、九州には熊本の阿蘇山を含む「阿蘇カルデラ」をはじめ、鹿児島県の桜島周辺を形づくる「姶良《あいら》カルデラ」、そして同じ鹿児島・薩摩半島沖の「鬼界《きかい》カルデラ」などがあります。

鬼界カルデラは最も新しく、7300年前に噴火しました。薩摩硫黄島付近の海底が爆発的に噴火、火砕流は海を越えて鹿児島南部を焼き尽くし、九州の縄文人は壊滅しました。火山灰は近畿地方でも約20センチも降り積もったそうです。当時の日本人は世界の終わり、神の怒りだと感じたことでしょう。

古事記には「空から神様が降ってくる」「一瞬にして草木がなくなる」「海の中に突然、島ができる」「世の中が真っ暗闇になる」などの記述があり、破局噴火まではいかないまでも、それなりの噴火の過去を示していそうです。古事記や日本書紀などに現れる天孫降臨、国産み、天岩戸などの神話は、火山活動に関係するという見立てがあるのも、うなずけます。

＊ 寺田寅彦は『神話と地球物理学』（昭和8年）に次のように書いています。

なかんずく（『古事記』の）速須佐之男命《はやすさのうのみこと》に関する記事の中には火山現象を如実に連想させるものがはなはだ多い。たとえば「その泣きたもうさまは、青山を枯山《からやま》なす泣き枯らし、河海《うみかわ》はことごとく泣き乾《ほ》しき」というのは、何より適切に噴火のために草木が枯死し河海が降灰のために埋められることを連想させる。噴火を地神の慟哭《どうこく》と見るのは適切な譬喩《ひゆ》であると言わなければなるまい。

北海道や東北には、カルデラに水がたまった「カルデラ湖」が数多くあります。屈斜路湖や摩周湖、阿寒湖、支笏《しこつ》湖、洞爺湖、十和田湖などがみんなそうです。

2018年の北海道地震の被災地は、4万年前の支笏カルデラ噴火が影響している土地です。厚真町の大規模な土砂崩れ現場は、カルデラで噴出した軽石層の上に火山灰が積もり、さらに支笏湖の南の樽前山や北の恵庭岳が何度か噴火して、火山灰が堆積した地層です。

だから現場をよく見ると、がけのところがドサッと落ち、谷筋のところは土石流のようにドドドッと流れ出しています。軽石層の中に水がたまっていて、崩れやすくなっていたところに地震がきて軽石層が液状化。

鬼界カルデラの北縁にある硫黄島と硫黄岳

写真／時事通信フォト

上にのっていた火山灰と一緒に流れ落ちたようです。

札幌市清田区の里塚地区では、驚くような液状化がありました。現場を見ると、大きく沈下した場所がある一方で、泥水で埋まった場所ができていました。

この場所は、支笏カルデラ噴火による火砕流でできた台地。そこに水が流れてできた谷を火山灰で埋めていたようです。かつての川筋ですから、前日までの雨で水を多く含んでいたのでしょう。上流側は、地下の火山灰が液状化してザザーと下流に流れ、それによってズボンと地盤沈下が発生。一方で、下流側は流れてきた泥水で埋まってしまったようです。

軽石で有名なのは、園芸で使う「鹿沼土《かぬまつち》」です。こ

北海道地震で陥没した道路

写真／EPA=時事

れも群馬県の赤城山の火山噴出物で、軽くて触るとすぐに崩れてしまい、水を含みやすい土です。実は、東京や神奈川も東京ローム層などの火山堆積物で覆われています。

熊本地震でも阿蘇山の噴火でできた火山堆積物があちこちで大規模に崩れました。

このように、大昔の火山噴火が、今も人間生活に影響を及ぼしています。

カルデラ噴火と原発訴訟

近年、カルデラ噴火が注目されたのは、東日本大震災以降の原発の安全審査との関係からです。特に、愛媛県の四国電力伊方原発と鹿児島県の九州電力川内原発に対する運転差し止め訴訟では、さまざまな判断が下されています。

伊方原発には2017年12月、住民らが伊方原発3号機の運転差し止めを求

＊ 関東ローム層も箱根カルデラのほか富士山、榛名山、赤城山、男体山などの火山噴出物です。軽石層もあるので地震で崩れてもおかしくありません。

＊ 札幌市清田区では1968年と2003年の十勝沖地震でも、液状化の被害が出ていました。災害は繰り返します。過去の災害に学び危険を避けることの大切さを感じます。

めた仮処分申請の即時抗告審で、広島高裁が運転差し止めを認める決定をしました。原発から約130キロ離れた熊本県の阿蘇山が過去最大規模の噴火、つまり9万年前のカルデラ噴火並みの噴火をした場合、「火砕流が伊方原発敷地に到達する可能性が小さいとはいえず、立地は認められない」という判断です。

原子力規制委員会は、原発の安全審査について「火山影響評価ガイド」という内規で「過去最大の噴火規模を想定する」と決めていました。その内規を厳格に適用するならば、破局的噴火の影響は否定できず、新規制基準に合格させた規制委の判断を「不合理」だと裁判所は指摘したのです。ただし、この決定は四国電力の異議申し立てを受けたその後の審理で2018年9月に取り消され、伊方原発3号機は再稼働されています。

一方、川内原発に対しては2016年4月、すでに再稼働していた1、2号機の運転差し止めを求める住民らの申し立てを福岡高裁宮崎支部が却下、運転を認めました。その際、日本全体で見れば破局的噴火は約1万年に1回と低頻度で、こうした規模の自然災害の危険性は無視できるとするのが「社会通念」だとしました。住民側は仮処分で最高裁まで抗告することはせず、すでに提訴していた本訴訟で引き続き運転停止を求めています。

伊方と川内で、一時的にまったく正反対の結論が出てはいますが、その本質はどうでしょうか。私からすると両方とも「責任放棄」に見えます。

伊方原発の方は「ルールがそうだからしょうがないよね」。

川内原発の方は「社会通念がそうだからしょうがないよね」。

どちらも「本来どうあるべきか」の判断には踏み込んでいません。裁判所だから法解釈しかできない、「べき論」が語れないのは致し方ないのですが、「べき論をすべきだ」という判決は書けるはずです。今の判決は、評論家的な判断に感じます。

私も、破局噴火については悩みます。でも、結論は先送りできません。

大噴火が起こると分かった後で、原発の燃料を全部移動することはできないでしょう。使用済み燃料も燃料プールの中に入っていれば、稼働していようが止めていようが停電すればメルトダウンが起きてしまいます。

次の破局噴火がいつ、どんな規模で起こるかは分かりません。「分からないことについては先送りする」のでよいのでしょうか、「分からないことだから避ける」のがよいことなのでしょうか。今は「分からないことは、誰も責任をとれないから仕方ない」となっています。東海地震の警戒宣言をめぐる議論とよく似ています。

原発を「多少危険でもよいけれど、持たないと生活が成り立たない」「必要悪として持ち続けるべきだ」という判断もあります。分からないことを突きつけられた社会が、「いざというときは諦めてもよいから使い続けようよ」と決めることはできます。新幹線だって、直下の活断層が動いたら運が悪ければ死ぬと思っていてもみんな乗ります。一方で、東日本大震災の後、政治判断で浜岡原発を止めました。判断がぶれているように感じます。

「どうせ破局噴火が起きたら日本は終わってしまう。原発がやられるような噴火だったら、国民のみんながダメだから仕方がないね」というのは、一つの考え方だとも言えます。

でも、視野を広げて世界の人への迷惑を考えると、それが正しいとは言えません。北海道の泊原発も、洞爺カルデラや支笏カルデラが近くにあり、これらが大噴火したら九州で恐れているようなことが起こり得ます。本当に大変な原発については、1万年に1回のことでも考えなければならないでしょう。

少し脱線するかもしれませんが、せっかくなのでもっと大きく視野を広げて、地球全体やその内部の成り立ちを見てみましょう。それは、南海トラフ地震をはじめ日本に大きな影響を及ぼす地震や火山の活動の根源ですから。

＊ 破局噴火についての調査研究は、「諦めるしかない」とすると、役に立たないかもしれません。
　でも、もう一度起きたときのために、人類としてちゃんと調べて、後世に残すのは大切なこと。破局に至る状況を、日本人がちゃんと世界に伝えることで、日本は防げなくても、世界では何かできるかもしれない。そういう意味で、当事者としてやらなくてはならない。それが世界に対する責任だと考えるのが、国際社会における日本の役割ではないでしょうか。

地球の歴史はとんでもない災害だらけ

地球の構造とプレート運動

地球の内部は、真ん中から内核と外核からなる「核」、「マントル」、「地殻」に分けられます。卵でいうと黄身が核、白身がマントル、カラが地殻です。「内核」は超高温、超高圧なのですが、化学的にはほとんど固体の状態を保っています。その外側を「外核」が包んでいて、これは液体です。卵の白身にあたるマントルも「下部マントル」「上部マントル」などといって少し性質が違いますが、ほとんどが固体の岩石です。ただし、長いスパンで見るとズルズルと沈み込んだりグイグイ上昇したりする、流動的な性質があります。その流動性によってマントルの「対流」が生まれます。

「プレート」は地殻と上部マントルの一部を含みますが、流動性のあるマントルの上を移動する岩石圏（リソスフェア）のことを言います。少しだけゆでた卵のカラが、薄く固まった白身と一緒に、まだ固まっていない白身の上をズルズル動いていくというイメージになるでしょうか。

プレートは地球の表面上で大きく十数枚に分かれていて、それぞれの境界付近で地震や火山、造山運動などの地殻変動が生じます。

地震は複数のプレートが移動してせめぎ合って、岩盤のどこかがひび割れることで起きます。岩盤が破壊することで断層が生じ、その衝撃が地震波として放出されます。地震波は岩盤の中を伝わり、軟らかい地層で揺れを増幅しながら私たちの足元の地表に到達。構造物を揺さぶって壊します。また、海底下の地震では海底の隆起によって海面が持ち上げられ、津波が襲ってきます。それで多くの人が死に、けがをして、生活が困難になって社会が混乱するわけです。

日本はプレートの沈み込み境界でつくられた弧状列島です。北米プレートに乗った東日本には、太平洋側から太平洋プレートが沈み込み、ユーラシアプレートに乗った西日本には、南東側からフィリピン海プレートという海底プレートが沈み込んでいます。

日本列島周辺のプレート

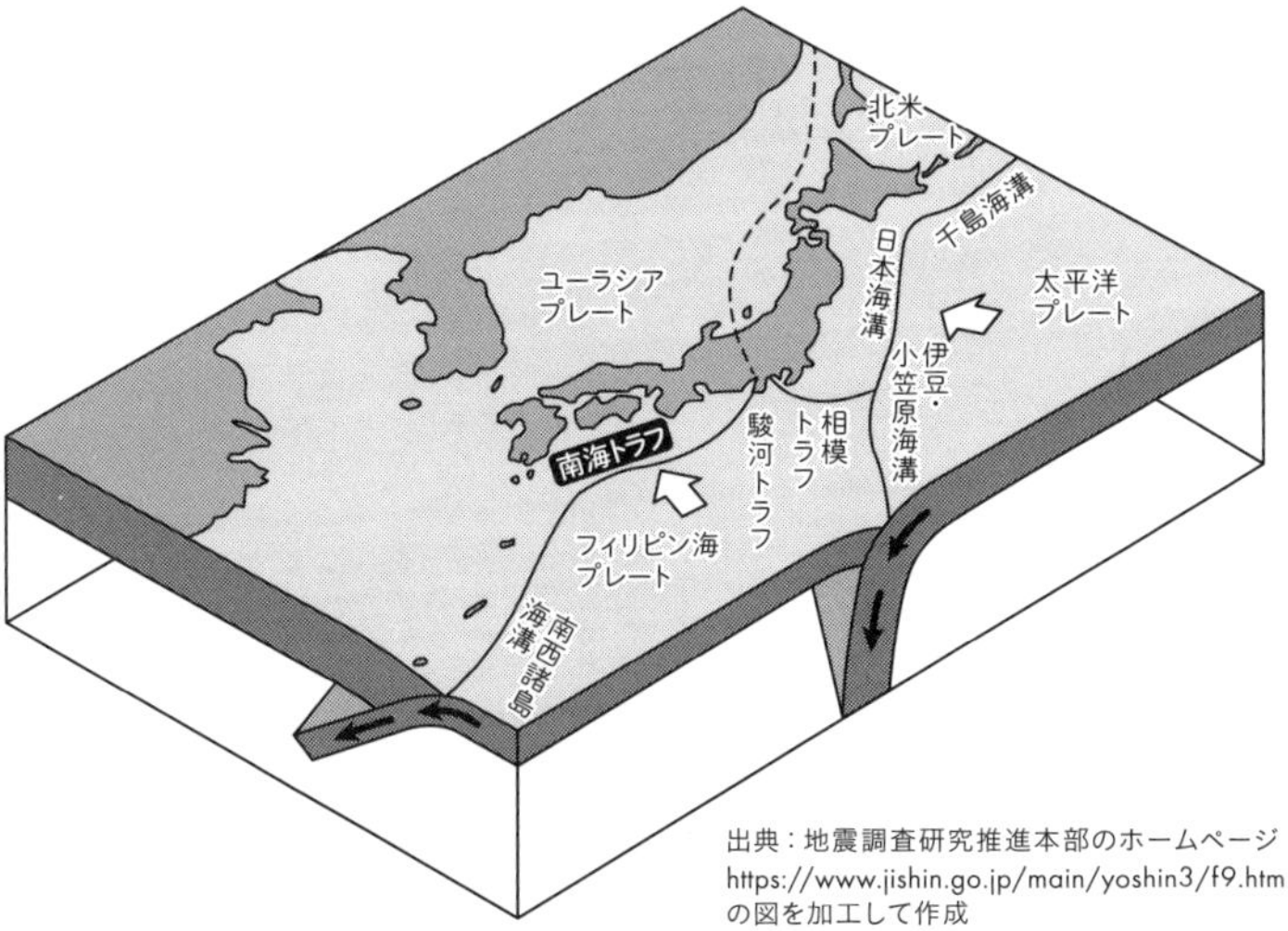

出典：地震調査研究推進本部のホームページ
https://www.jishin.go.jp/main/yoshin3/f9.htm
の図を加工して作成

太平洋プレートは年間8～10センチの速度で東から西に、フィリピン海プレートは年間4～6センチの速度で北西に進み、日本列島は全体として東西に圧縮されています。

新説を受け入れ遅れた日本

こうした理屈も、長年にわたる議論で考え出されてきました。

1912年に「大陸移動説」を唱えたのはアルフレッド・ウェゲナーというドイツの気象学者。南アメリカ大陸の東海岸線とアフリカ大陸の西海岸線がよく似ていることに気づき、地質学や古生物学、古気候学などの資料をもとに、すべての大陸は「超大陸・パンゲア」であったこと、それが約2億年前に分裂、移動して今の大陸配置になったことを主張。1915年に『大陸と海洋の起源』を著しました。しかし、当時は大陸移動の原動力をうまく説明できなかったため、学術界には受け入れられませんでした。

＊ 海洋プレートが沈み込むときには、海底に堆積しているプランクトンやサンゴの死骸をひっかき出して陸にくっつけます。これは「付加体」と呼ばれ、石灰岩が多く産出されます。プレート運動がコンクリートの原料である石灰岩をつくり、プレート運動によって生じる地震がコンクリートでできた建物を壊し、再び土に戻るわけです。何とも不思議な輪廻ではありませんか。

この時期、日本では1923年に関東大震災が発生しています。その後、第2次世界大戦に突入する中でドイツ海軍の潜水艦「Uボート」への備えから、音響測深機による海底地形探査が精力的に行われ、海溝や海嶺の多くが発見されました。いわば戦争のおかげで、地震活動の集中している場所が海溝や海嶺に重なることが明らかになったのです。

1960年代になると、海嶺から岩盤が生み出され、両側に海底が拡大するという「海洋底拡大説」をアメリカの学者が提唱。それをもとに、対流するマントルの上をプレートが移動する「プレートテクトニクス」理論が確立されました。

このプレートテクトニクス理論は多くの学者が連携しながら生み出してきたもので、誰が発見者か、はっきりとはしません。いろんな証拠をみんなで集めて、結果として理論体系になったと言えます。ただし、日本の学術界は、この理論を受け入れるのが遅れてしまいました。

＊ パンゲアはギリシア語で「すべての大陸」という意味です。物理学者で随筆家の寺田寅彦は1927年、ウェゲナーの大陸移動説をとり入れた日本海形成論を唱えました。

その理由は、元朝日新聞編集委員の泊《とまり》次郎氏が詳しく調べています。

「欧米では少数の反対はあったものの、海洋底拡大説やPT（プレートテクトニクス）は誕生すると間もなく、大部分の研究者に受け入れられた。これに対して日本では地球物理学分野ではPTがすみやかに受け入れられたものの、地質学分野の大部分の研究者にPTが受け入れられるようになったのは1986年頃である。そこには10年以上の差が見られる」（『プレートテクトニクスの拒絶と受容』東京大学出版会、2008年）。

泊氏の著書によると、当時の地質学分野の研究者たちは「地団研（地学団体研究会）」という組織をつくり、研究だけでなく学問の民主化を求めて活動していました。それゆえに頑なに自分たちの流儀にこだわり、プレートテクトニクス論を強く批判し続けてしまいました。

研究の面では、日本列島の成り立ちをどう説明するかにこだわっていたので、地球規模でプレートが動くという理論に視野が広がりませんでした。組織的に

＊ 泊次郎氏は東京大学の理学部出身の科学記者だったのですが、新聞社退社後は東京大学地震研究所の特別研究員にもなった、本当に学者のような人です。

も昔の理論にこだわる一部会員の発言力が強く、「有力会員の言うことに反対できない雰囲気・体質」に大きな問題があったと泊氏は指摘しています。

やがて国際交流や海外の研究者との共同研究などが活発になり、彼らもプレートテクトニクス理論を受け入れざるを得なくなります。

こういうことも何だか日本的で、現代のさまざまな問題につながっている気もしてしまいます。

最新理論は「プルーム」テクトニクス

しかし、最近では世界的にもプレートテクトニクスを超えるような学説が支持されています。プレートテクトニクスを否定するわけではなく、むしろそれを補完するような理論です。「プルームテクトニクス」と呼ばれているのですが、それを提唱したのは日本の丸山茂徳氏や深尾良夫氏という人たちです。

＊「プルーム」は煙突から スーッと立ち上る煙を意味し、もともとはハワイのホットスポットのような上昇流がプルームと名付けられました。

＊ 丸山茂徳 1949年徳島県生まれ。1989年東京大学助教授。1993年東京工業大学大学院理工学研究科教授。

＊ 深尾良夫 1943年東京都出身。1988年名古屋大学教授。1993年東京大学教授。東京大学地震研究所所長。

プレートは地球表面の動きを説明した理論ですが、「プルームテクトニクス」は地球内部の構造も含めてプレートの動きを説明する理論です。

プレートテクトニクスでは、海のプレートが陸のプレートの下に潜り込んでいるところまで説明ができます。では、その下に行くとどうなるのでしょう。

プレートがマントルの中をどんどん沈み込むと、ある時点で先に行けなくなります。地表から深さ670キロ付近で、ごみのように漂い始めます。

これがある程度の量になると、マントルの底、つまり外核の表面までストンと落ちます。これが「スーパーコールドプルーム」。その反動によって、作用・反作用の理屈で、核から逆に高温のマントルが

スーパーコールドプルームとスーパーホットプルーム

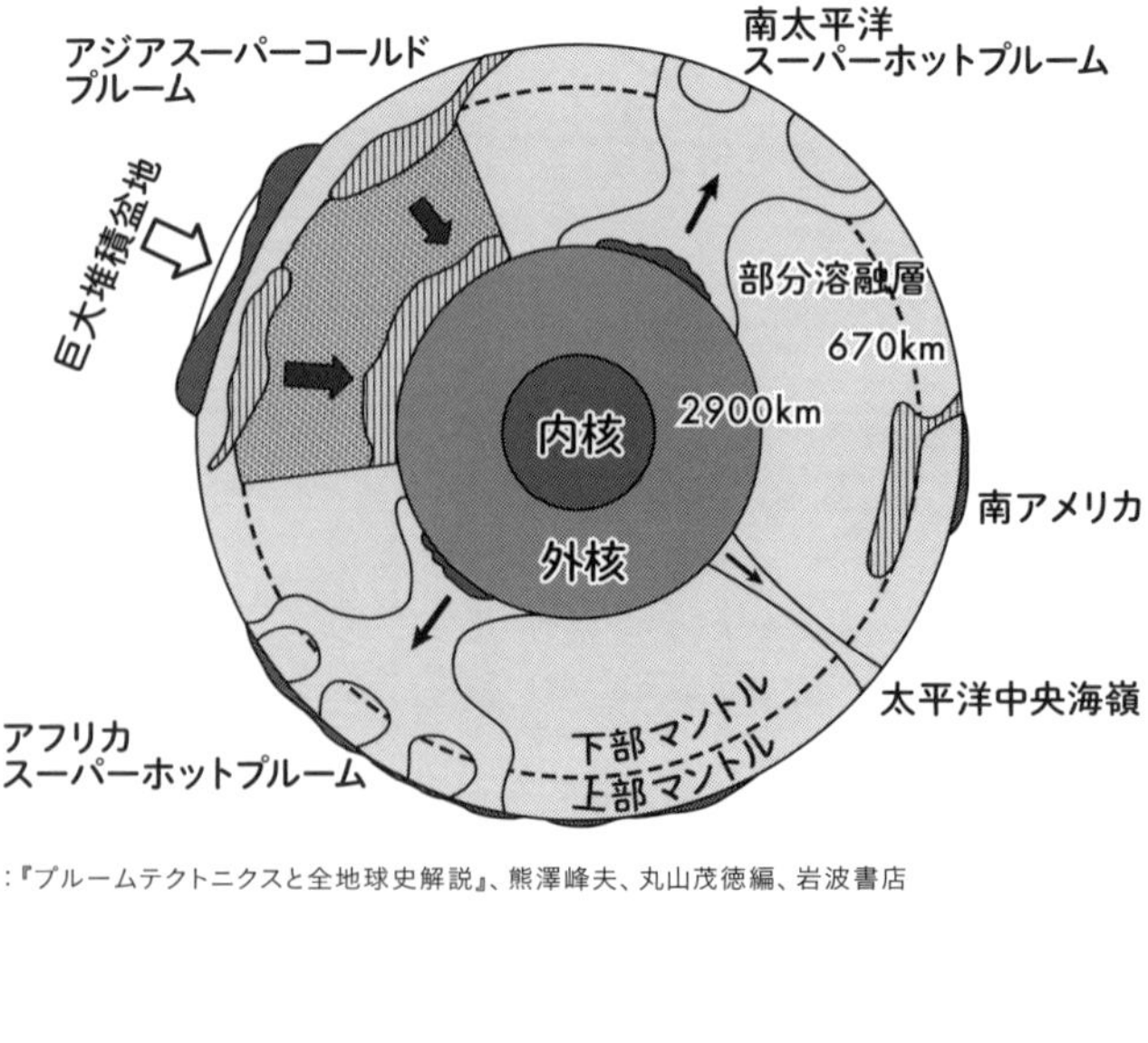

出典：『プルームテクトニクスと全地球史解説』、熊澤峰夫、丸山茂徳編、岩波書店

ギューッと上にあがってきます。これを「スーパーホットプルーム」といいます。

スーパーホットプルームも、深さ670キロぐらいのところでいったんとどまったあと、さらに上昇。その上昇流から海嶺ができ、海嶺が海のプレートを生み出しながらどんどん両側に広がります。広がるうちに冷え固まって重くなるので、もう一回プレートがぶつかったところで沈み込む。こんなふうに、マントルの中で対流のような役割をしているのです。

この結果、陸のプレートは互いにだんだん引き寄せられて、一つの超大陸になります。超大陸が「ふた」をすると、その下はとても熱くなってスーパーホットプルームが、超大陸を引き裂き、巨大噴火となって出てきます。

これはもう、カルデラ噴火の比ではありません。大陸が割れ、マグマや岩石はもちろん、さまざまなガスが地表に出るので、生物が大絶滅します。2億5000万年前の古生代の終わりに起きた過去最大の大絶滅がこれです。

＊ 今も日本などで沈み込んだ海洋プレートは、シベリアやヒマラヤなどのアジア大陸の下にとどまっており、アフリカや南太平洋の下にホットプルームがあると見られます。

プルームテクトニクスと生物史は表裏一体の関係にあります。

ハワイ諸島の下は、マグマの「ホットスポット」と呼ばれて、噴火が頻発します。これは規模の小さなホットプルームです。

ホットスポットの位置は変わらずに、その上をプレートが動きます。ハワイ諸島はハワイ島から西にマウイ島、オアフ島、カウアイ島と並んでいますが、島の大きさはだんだんと小さくなっています。これはプレートが北西方向に進むに従って陸地が侵食されていくからです。さらにその北西にはミッドウェー島など北西ハワイ諸島、そして日本のはるか沖合の海底の天皇海山群へと続き、千島海溝に至ります。これはプレート運動の軌跡を見事に表しています。

ハワイ諸島

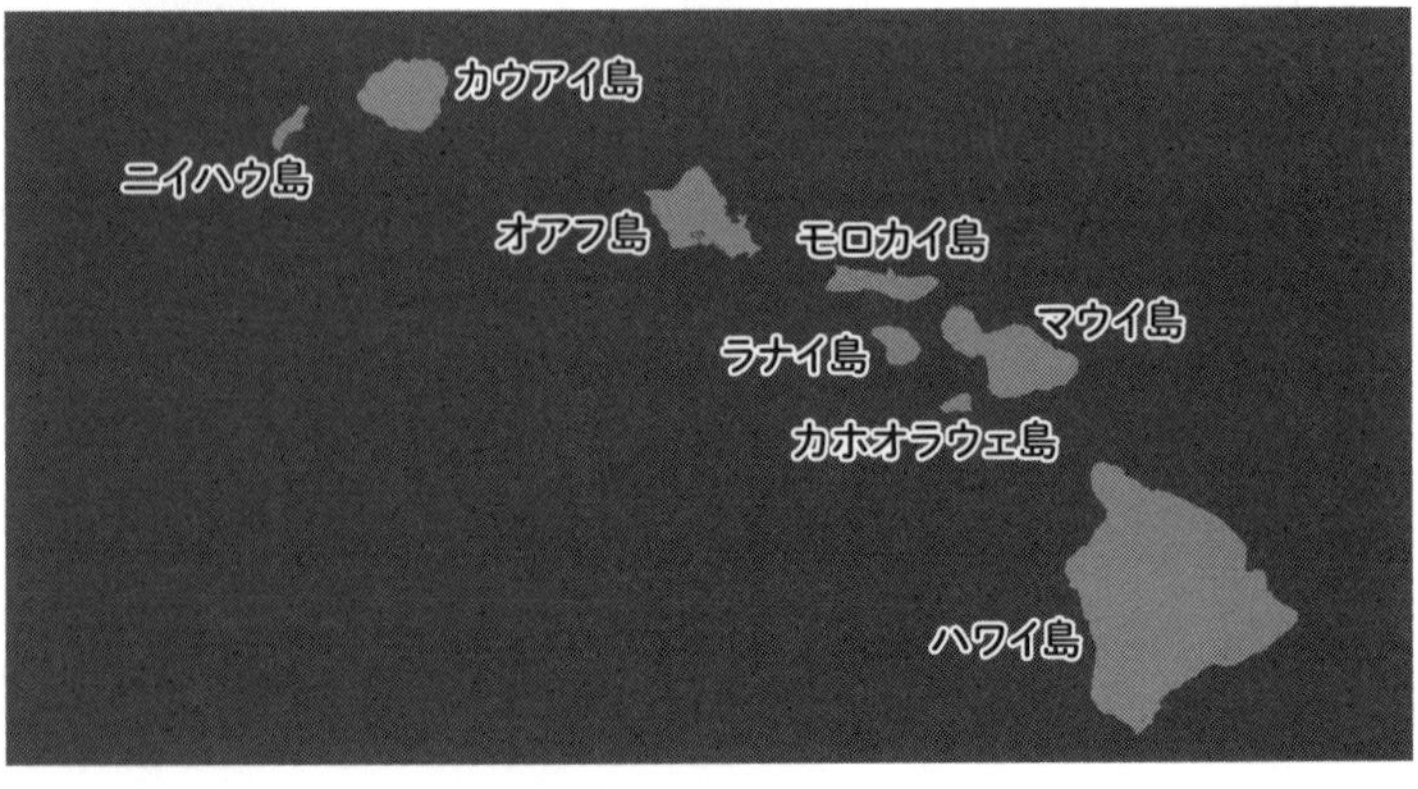

こうしたダイナミックな地球の営みが分かったのは、1980年代以降「地震波トモグラフィー」という技術が進歩した結果。世界中にたくさん設置された地震計を使い、地震波の伝わる速度の変化などを見て、地球の内部構造をCTスキャンのように調べられるようになったからなのです。

＊ トモグラフィー（tomography）は「X線撮影での人体の断層撮影法」。地震波トモグラフィーは、「地震波の伝播時間の差を利用して、地球内部の三次元構造を調べる手法」（『デジタル大辞泉』）

地磁気の逆転と磁気シールド

プルームテクトニクスで「ホット」「コールド」と呼んだように、マントルの対流で温度変化が起こります。それにともなって卵の「黄身」に当たる核、特に液体の外核の中でも対流が起こります。核の成分は鉄やニッケル。その鉄が動くと、磁石ができます。ある種のダイナモ（発電機）のようなものです。それによって、地球そのものが磁石になるのです。

マントルの中の対流が結果として外核の鉄の動きを生み出し、それが磁場を生むとすれば、マントルの中で少し対流に変化が起こると、磁力がなくなって反転し、北極と南極がひっくり返ってもおかしくない。

これを「地磁気の逆転」と言い、地層の磁気の調査でそれがあったことは裏付けられています。その仕組みにはまだ定説がありません。

過去の地磁気の逆転をみると、30万年に1回ぐらいの割合で起こっています。しかし、最後に起こったのは約80万年前。今、地球の磁力は10年に5%ぐらいの割合で減少しているとの観測もあり、近いうち「逆転」があるのかもしれません。近いといっても数万年後のことかもしれませんが、地球的な規模で見ればほんの一瞬のことです。

地磁気の逆転があれば人類はもう生きていられません。

地磁気があることによって磁場というシールド（盾）ができ、これが宇宙線などのさまざまな放射線を弾き飛ばしてくれます。

46億年前、地球ができたてのころは磁気シールドはありませんでした。40億年くらい前に生まれた生物は、深海にいたバクテリアだけ。深海は宇宙線などが届きにくいですし、マグマの噴出を通じて栄養分のとれる場所だったからです。

28億年前、地球にようやく強い磁場ができました。外核にあった放射性元素のエネルギーで鉄が溶け、溶けたことで鉄が動いて磁気が生まれたのです。

この磁場のシールド効果によって、太陽風や宇宙線が曲げられ、地球の生物の住む環境がだいぶ改善されました。宇宙線を防いでくれるような水の深さがいらなくなり、生物が浅い海水面に現われました。

海水面に出ると、光を利用できるようになり、生物が光合成をし始めます。つまり二酸化炭素を吸収して酸素に変えてくれるので、大量に酸素が生成。その酸素が長い時間をかけて成層圏まで達してオゾン層をつくったことによって、また紫外線などの放射線を防いでくれるという好循環が生まれました。

これによって、5億年前に生物はついに陸上へ。2億5千万年前、スーパーホットプルームによる超大陸パンゲアの分裂で生物が大量絶滅。生き残った爬虫類から恐竜が生まれ繁栄したものの、6500万年前には巨大隕石の衝突で恐竜も絶滅し、今度は哺乳類と鳥類の時代になります。ネアンデルタール人が生まれたのは40万年前、ホモ・サピエンスは20万年前に登場します。

人間の有史時代は数千年前からなので、地球の歴史の100万分の1。地球の年齢を1年とすると、私たち人類の歴史は1分にも満たないのです。

世界史の中の大地震

私たちは中学・高校で世界史や日本史を学びます。しかし、多くの時間は文明の成立や歴史上の人物についての学習に割かれ、災害の歴史を学ぶことはほとんどありません。しかし、本章で書いてきたように、地球規模の変動は生物の大絶滅や進化をもたらし、人類の歴史も大災害によって動かされてきました。それは地震国・日本に限らず、ヨーロッパなど世界の歴史も例外ではありません。

ローマ時代には、火山の大噴火で一つの都市が消滅しました。今から2000年前、西暦79年にあったベスビオ火山の噴火です。

この噴火では火砕流がイタリア・ナポリ近郊にあったローマの古代都市ポンペイを襲い、街が溶岩と火山灰の下に埋まりました。この災害は数々の映画や小説に描かれており、知る人も多いでしょう。

18世紀なかばの1755年には、大航海時代に世界を席巻したポルトガルの首都リスボンが大地震に見舞われました。

このリスボン地震は、やはりユーラシアプレートとアフリカプレートの境界で発生したM8クラスの巨大地震。リスボンの市街は、強い揺れでほとんどの

＊ イタリアはユーラシアプレートとアフリカプレートの境界近くにあり、M7クラスの地震がよく起きます。ベスビオ火山が噴火する17年前の西暦62年にも、ポンペイで地震がありました。
　最近も1章で触れた2009年のラクイラ地震や2012年のイタリア北部地震、2016年のイタリア中部地震など、多くの死者を出す地震が続いています。

建物が倒壊し、さらに津波と火災によって6万人とも10万人とも言われる死者が出ました。

人的、物的被害にとどまらず、精神的ダメージがヨーロッパ全土に波及。ヴォルテールやルソー、カントなど、当時の思想家たちにも大きな影響を与えたと言われています。

この地震の後、イギリスを中心に農業革命や産業革命が始まり、ヨーロッパは人口が急増、資本主義の時代へと移行します。主役はポルトガルやスペインからイギリスへと交代していきました。

世界を支配した国でも、たった一つの地震で衰退してしまうことがあるのです。

リスボン地震の約30年後、1783年にアイスラン

2010年アイスランド、エイヤフィヤトラヨークトルの噴火

写真／EPA=時事

ドのラキ火山が噴火しました。

アイスランドは大西洋を南北に縦断する海嶺の上、海底プレートが生み出される境界にあり、火山活動が盛んです。

ラキ火山に続いてグリムスヴォトン火山も噴火。噴出した有害ガスによって多くの住民や家畜が命を落としました。有毒ガスはアイスランド国内にとどまらず、イギリスなどでも多くの死者が。火山噴出物は世界的な異常気象をもたらし、ヨーロッパでは長期間にわたって農作物に大きな被害が出ました。そして飢饉により農民が困窮し、1789年に起きたフランス革命の引き金になったとされています。

こんな歴史的な大事件が、火山噴火に関係していたと知る人は少ないのではないでしょうか。私も知ったのは最近です。

1783年には、日本でも4月に岩木山が、8月に浅間山が噴火しており、ラキ火山噴火も含め、同時期におきた天明の飢饉との関係も指摘されています。

＊ 2010年には、アイスランドの火山噴火で噴煙が高度9キロに達し、ヨーロッパ大陸にもおよび、各地の空港が閉鎖されました。航空網への影響は2001年の米同時テロ後を上回りました。

＊ 天明の飢饉は天明2年（1782）～同7年（1787）に起きました。奥羽・関東地方中心に大凶作で90万人が餓死、病死。各地で打ちこわしが相次ぎ、食人の記録も残されています。

破局災害は諦める、巨大災害は乗り越える

こうして見てみると、絶望的な気分になってしまうでしょう。しかし、見方をガラッと変えてください。

破局に陥るような大災害に比べれば、私たちが心配する南海トラフ地震や首都直下地震、富士山噴火はまだましです。

近代のヨーロッパも、それぞれに巨大な災害を経験しています。しかし、みんな災い転じて福となしています。ヨーロッパ全体は逆にものすごく豊かになっています。だから我々だって、諦めてはいけません。

過去の南海トラフ地震も、破局噴火に比べれば極端にひどくはない。富士山の噴火だって軽く乗り越えるぐらいでないと。活断層地震なら、なおさらです。

「歴史人口学」を追究する鬼頭宏さんによれば、縄文時代中期までの日本の人口は26万人ほどでした。しかし、中期から晩期にかけては激減し、8万人ぐらいまでになったそうです。しかも、東日本に人口が偏っていたことが分かっています。世界遺産候補となったのも北海道・東北の縄文文化です。鬼界カルデラ噴火で九州の縄文人がほぼ滅んでしまったことと関係があるのかもしれません。

人類の歴史の中では大災害が時代を変えてきましたが、海溝型地震や富士山噴火、活断層地震など、先祖が乗り越えてきたレベルの災害には負けるわけにはいきません。

破局噴火など、1万年に1回、諦めなければならない自然災害もあります。大きな隕石がぶつかったり、数十万年に1回の地磁気の逆転が起きたら、死ぬよりほかないかもしれません。

＊ 政府地震調査研究推進本部で主要な活断層については場所を特定しています。活動度の高いランクの活断層は日本に100ぐらいあります。このうちそろそろ動いてもおかしくない時期にきているものをSランクとしています。ここにある公共的な建物は活断層が動いても大丈夫なように設計すべきです。

でも、数百年に1回起きる災害で、私たちが生活を変えればしのげることについては、ちゃんと対策をするべきではないでしょうか。

「相手」をよく知って、防げるものは防ぐ。それが本当の防災・減災だと私は思っています。

破局噴火と比べれば、活断層の活動度はある程度、分かります。

少なくとも、分かっているもので活動度が高くて、そろそろ動いてもおかしくないものは警戒すべきです。活断層があるかどうか調べて、活断層の上に住むのだったらそれなりの覚悟と準備をして住めばいいのです。

M6や7程度の地震は、どこで起きるか分かりません。活断層がないところでも起こり得ます。個人の意思に任せてもよい住宅は、100年に1回の地震に備えるか、1000年に1回に備えるか、あるいはまったく備えないのかは、自分で判断すればいいでしょう。一方、役所や病院は何があっても機能しなければいけないので、どんな活断層が動いても大丈夫なように設計すべきです。

南海トラフ地震について、土木学会は20年間で最悪被害額1410兆円という数字を出しました。国の一般会計予算の約14倍。リスボン地震のあとのポルトガルのように、日本も凋落するかもしれません。一気に最貧国になる可能性はないでしょうか。それが分かっていて何もしなくていいでしょうか。

今度はお手上げというわけにはいかないのです。先輩たちが何度も経験し乗り越えてきた南海トラフ地震です。見事に乗り越え、次の世代に今の社会をバトンタッチするのが、私たち現役世代の責務です。

＊「まえがき」でも触れましたが、土木学会は2018年6月、南海トラフ地震が発生した場合、その後20年間の資産被害と経済被害を合計すると1410兆円と発表しました。国と地方自治体を合わせた20年間の税収減少額は、131兆円としています。20年という期間は、阪神・淡路大震災の経済的被害がほぼ回復するのにかかった期間から設定したと言います。

7章
これからの防災、減災

対策総動員で社会を守る

150年前から提案されてきたアイデア

壮大な地球の歴史、災害の歴史を振り返ってみてお分かりいただけたでしょうが、現代人は小さな災害ばかりを見て、自然の暴虐さを過小評価してきたようです。科学技術の発展は、せいぜいここ数百年。その成果で小さな災害を克服したつもりになり、何十億年という歴史を重ねた自然の学びが足りないがゆえに、大きなしっぺ返しを受けそうだと言えます。

＊ P波は秒速6〜7キロで伝わります。S波は秒速3〜4キロです。
震源から100キロメートル離れたところに都会があり、震源から30キロメートルの所に地震計があったとします。地震計は、発震から5秒後にP波を検知します。

都会にS波が伝わるのは33秒後。地震計のP波検知がすぐ都会に伝われば33秒マイナス5秒で28秒稼げます。データを気象庁に送って処理するのに数秒かかっても20〜25秒稼げます。

こうした反省を踏まえて、できるだけ長い目で将来の防災、減災や科学技術のあり方を展望してみることにしましょう。

地震予知のハードルが高いことが分かってきましたが、日本の緊急地震速報は、人々の安全に貢献しています。

緊急地震速報は地震が起きたとき、最初にP波というやや小さな揺れが速く伝わり、本格的な被害を引き起こす揺れであるS波がそれよりゆっくり伝わる「時差」を利用しています。震源に近い場所の地震計でいち早くP波をとらえ、やがて大きな揺れに襲われる地域に伝えれば、人々は危険な場所から離れるなどの備えができます。

緊急地震速報の仕組み

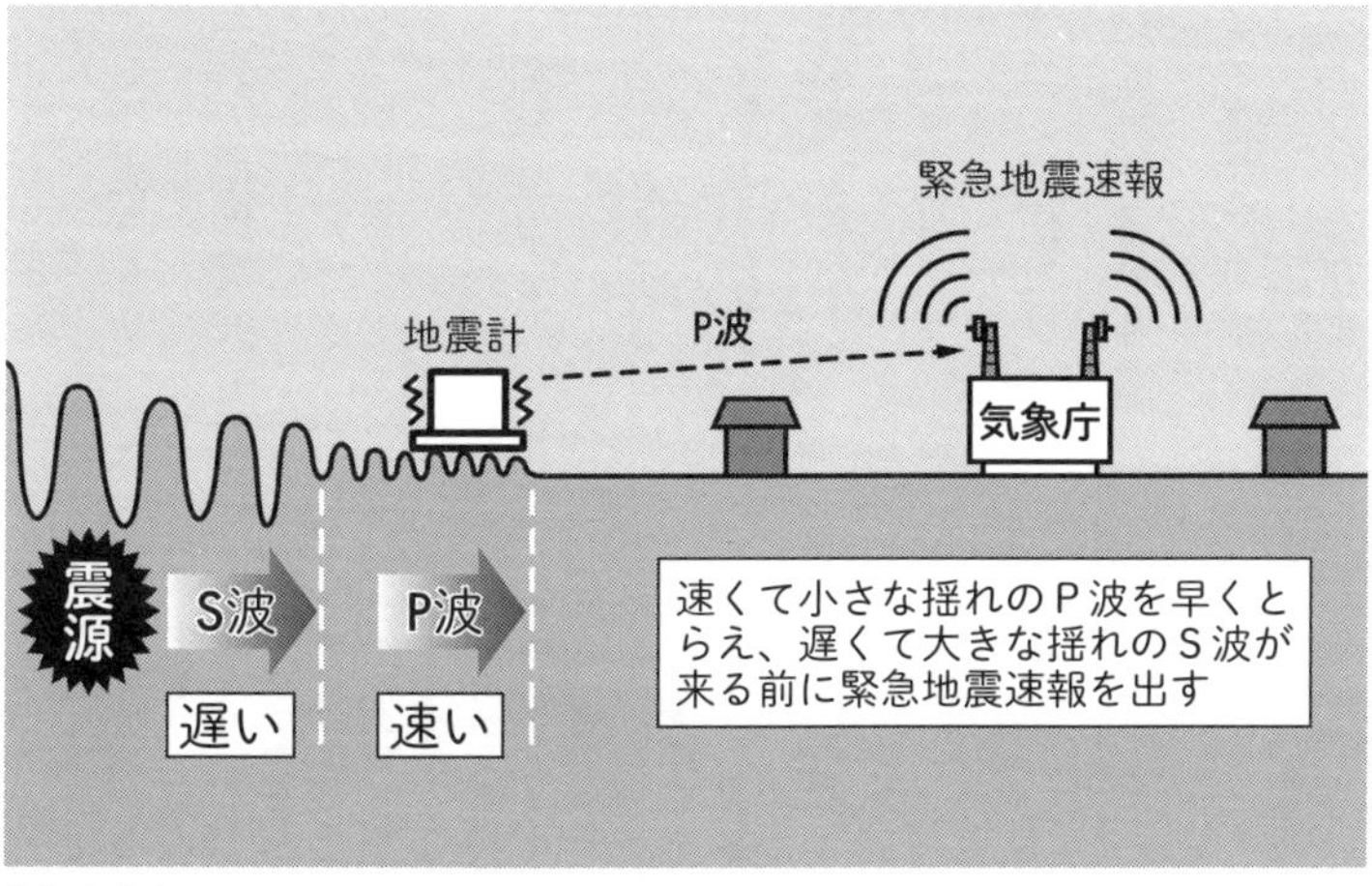

出典：気象庁ホームページ
https://www.data.jma.go.jp/svd/eew/data/nc/shikumi/shikumi.htmlの図を加工して作成

緊急地震速報のアイデアは、１５０年ほど前からありました。１８６８年にアメリカのＪ・Ｄ・クーパー博士が、震源での揺れを電信で伝える仕組みをサンフランシスコの新聞紙上で提案しています。地震発生のメカニズムや地震波の伝わる速度がまだ分かっていなかった時に提示された画期的なアイデアです。

戦後になっても電話はしばらく手回し式でしたし、地震計もすすを塗った紙を細いペンで削って震動を記録するようなものでした。地震が起きてから交換台を通した電話で「今こちらで地震がありました」なんて伝言していたのではとても間に合いません。緊急地震速報が「絵に描いた餅」の状態を脱するためには、地震計の自動電子化と通信の自動接続が絶対条件でした。

それができるようになったのは１９７０年代以降。初期のパソコン通信はダイヤル回線を通してジーコ、ジーコとデータを送るようなものでしたが、次第に地震計も電子化され、地震記録を磁気テープやフロッピーディスクなどで記録し、アナログデータをデジタル化してダイヤルアップで送れるようになりま

＊ クーパーと同様のアイデアは１８８０年、日本地震学会創設時の講演で、お雇い外国人学者として来日していたジョン・ミルンが提案をしています。ミルンは日本の地震学の生みの親ともいえる人で、その提案は当時、普及し始めた電信の活用を意図したものでした。ただし、電信といってもまだアナログで自動的に電話して通知するシステムではありませんでした。

した。

新幹線をエイヤっと止めるユレダス

日本国内では1964年に開通した東海道新幹線など高速の交通機関が登場し、その安全確保が求められていきました。1972年には東京大学の伯野元彦氏が、海底の地震計で揺れをキャッチして都市に地震情報を提供する「10秒前大地震警報システム」を提案しています。

そして、地震発生時に新幹線を緊急停止させるシステムが、旧国鉄の鉄道技術研究所によって1992年にユレダスシステム（Urgent Earthquake Detection and Alarm System）として実現しました。

ユレダスは新幹線の沿線などに地震計を置き、揺れを受けたら最寄りにある変電所を止め、すぐに電力供給を遮断するシステムです。高速で走る新幹線を緊急停止するため、警報の速さを重視しています。最初の地震波であるP波だ

＊ 1990年代にはアメリカでも、カリフォルニア工科大学の金森博雄氏が米国地質調査所（USGS）と共同で「CUBE」という組織をつくり、「リアルタイム地震防災システム」の研究を始めていました。これはカリフォルニア州南部にあった100点以上の地震計を使用し、地震の揺れを感知すると即座に震源の位置や規模、各地の揺れなどを解析、データを関係機関に送って鉄道やガス、水道などを止めるシステムです。

けを見て、これからどういう揺れが来るかをエイヤっと決めます。

後に気象庁が緊急地震速報システムで行ったように、データを遠くの本部に送ってまた戻すということはしません。往復にタイムラグが生じてしまうからです。現地で判断して現地で止めます。このユレダスのおかげで、新幹線の運行は圧倒的に安心感が増しました。

神戸の地震後に急がれたシステム構築

こうして国内外で産官学の取り組みが進み始めていたのですが、まさにそのタイミングで阪神・淡路大震災が起こりました。残念ながらいずれのシステムもまだ活用できず（新幹線は運行時間外の時刻でしたが）、6000人を超す犠牲者が出てしまいます。

その反省を受けて、日本中で地震計の数を増やし、新たなシステムの開発が進められました。気象庁の約300カ所、防災科学技術研究所の約800カ所の地震計を利用して、リアルタイムに揺れを取得するシステムを構築したのです。

そして、ユレダスの鉄道総研も一緒になって「ナウキャスト地震情報」というシステムを開発し、最終的に緊急地震速報として２００７年から本格運用が始まります。

緊急地震速報は、２００４年2月に試験運用を開始し、２００７年10月から一般向けの情報提供を開始しました。

最初の地震計が揺れ始めのＰ波到達をキャッチ。それがどちらの方向からの地震で、距離はどれほどで、揺れはどのぐらいかといったことが簡易的に計算されます。これが第一報です。しかし、これだけではとっても不正確なので、あくまで「予報」という言い方にとどめます。

次に二つ目の地震計に届くデータを突き合わせて、もうちょっと精度良く震源などを決めます。三つ目のデータがあると完全に震源の位置を特定でき、マ

＊ 地震発生直後に、震源に近い位置で揺れを検知し、震源から離れた都市に地震発生情報を提供するのに大切なことは、①震源の近くに地震計を設置すること、②震源と警報を受ける場所の距離がある程度離れていること、③即座に揺れを予測し警報を伝える伝達手段があることです。

気象庁などで整備されていた地震観測網に、１９９５年の阪神淡路大震災以降に整備された地震観測網が加わり、高速計算システム、情報通信システム、スマートフォンなどの携帯端末の普及が、緊急地震速報を支えています。

グニチュードも決まります。こうした2点以上の観測で、最大震度が5弱以上と予想された場合、震度4以上の揺れが予想される地域名とともに「警報」を発表します。これがテレビやラジオを通じて受け取る一般的な緊急地震速報です。

不正確でも第一報から情報を受けたいという人がいます。そういう人たちは「高度利用者」という扱いになります。

第一報から数回の続報を経て、震源やマグニチュードが変わる可能性がありますが、それに応じてどこにどれくらいの強さの揺れが何秒後に到達するかといった、テレビよりはもっと具体的な情報を受け取れます。

位置情報や地盤情報も入れられます。慎重な扱いが求められるものの、原則は誰でも利用可能です。私は個別の契約料を払っていますが、パソコンやスマホのアプリで無償利用できるものもあります。

＊ 緊急地震速報の「警報」は、2点以上の地震観測点で地震波が観測され、最大震度が5弱以上と予想された場合に発表され、地震の発生時刻、発生場所（震源）の推定値、地震発生場所の震央地名、震度4以上が予想される地域名称（全国を約200地域に分割）が発表されます。

＊ 高度利用者用の緊急地震速報は、パソコンで見ていると地図が出て、同心円状に地震波の伝達が表示されます。もうすぐ自分のいるところに来ることが分かります。高度利用者用は南海トラフ地震の臨時情報が出ると、普及するのではないでしょうか。これを持っていないと危なくて危険な高所作業なんかできません。

緊急地震速報の可能性と課題

南海トラフ地震の震源となりそうな紀伊半島沖から名古屋までは、１００キロメートル以上の距離があります。紀伊半島の先、震源から30キロメートルぐらいの地震計でデータを取得すれば、名古屋には実際に揺れの来る数十秒前には速報が届くことになります。

大都市にいても数十秒の余裕があれば、いろいろな対応ができるでしょう。エレベーターで最寄りの階に止まって逃げるとか、クレーンで作業している人は荷物を下に降ろすとか……。

南海トラフ地震の臨時情報が出た時点で、社会のすべての機能を止めるわけにはいかない場合、この緊急地震速報が大変役に立ちます。

より震源に近く、より地中深くに地震計が置いてあれば、その分、揺れに備える時間を稼ぐことができます。地中の岩盤の中は秒速3キロメートルぐらい

＊ 緊急地震速報が出たら、まずは安全な所に退避しましょう。オフィスにいたら窓辺から離れ、ものが倒れてこない廊下に出ます。あるいは机の下にもぐります。外にいたら頑丈なビルの下に行くか、落下物のないところに移動します。劇場や映画館では、出口に殺到してはいけません。車で高速道路を走っていたら、ハザードランプをつけて路肩に止まりましょう。

でS波が伝わりますから、地震計が3キロメートル深くなるごとに1秒の時間が稼げる計算です。

数千万人が住んでいる首都圏では、3~5キロメートル深いところに地震計を埋めるという考えもあってよい気がします。中央省庁の下でも、皇居の下でも。深ければ深いほどよいわけです。首都直下地震対策のため、大深度に地震計を設置してみてはどうでしょうか。

JAMSTEC（国立研究開発法人海洋研究開発機構）と防災科学技術研究所は南海トラフ地震に向けて、地震・津波観測監視システム「DONET」を整備しています。

紀伊半島沖から西へ50カ所ほどの観測点に順次センサーを設置。基幹ケーブルにつないで地震や津波に関するデータを収集しています。しかし、まだ四国の東端の室戸岬沖辺りまでしか来ていませんが、その西側にも「N-net（南海トラフ海底地震津波観測網）」の整備が予定されています。

＊ 地下深く地震計を埋めるためには、今より深くボーリングする技術や、高温でも壊れない地震計の開発も必要です。お金はかかるでしょうが、温泉でも出れば元が取れるかもしれませんね。

＊ 例えば、リニアにしても掘り進めていって断層が見つかったら、その下の5キロメートルぐらいを掘ってくれればよいのです。数兆円のプロジェクトの中では、ささいな話のはず。技術とお金と、決断の問題です。

東北沖では防災科研が、「S-net（日本海溝海底地震津波観測網）」を整備。東日本大震災後に約300億円の予算が付き、完成しています。北海道沖や房総沖も含む約150カ所に観測点が新設されました。

海底地震計のおかげで、いちはやく地震発生をキャッチできるようになり、緊急地震速報の猶予時間が増します。

東日本大震災の時もそうでしたが、震源域が何百キロにもわたる巨大地震の場合には、震源の破壊が始まった時はまだマグニチュードは小さく、破壊が進むにしたがって大きくなるので、緊急地震速報の揺れは過小に出ます。

この問題を改善するため、ある地点の揺れを震源の位置やマグニチュードにかかわらず、隣接する地震観測点の震度から予測する「PLUM法」という新しい手法が開発されました。たくさんの地震計データから最初の情報に修正をかけ、徐々に改善された情報を送り続ける仕組みです。2018年から、現行法と一緒に運用が始まっています。

＊「PLUM法」はPropagation of Local Undamped Motionの頭文字をとりました。

また、超高層ビル用には長周期の揺れに特化した緊急地震速報がないといけません。

超高層ビルが1000棟あって1棟に1000人いると、100万人が対象になります。政令指定都市などの大都市と同じぐらいの人数が超高層ビル群の中にまるごといるという計算です。

すでに速報ではないかたちで「長周期地震動階級」の情報提供はしていますので、技術的な問題点はほとんどありません。やはり予算とやる気の問題です。

一方、直下型の活断層地震の場合は、地震計にも人がいる場所にもP波とS波がほぼ同時に来ます。揺れがメチャクチャ大きく、地震計が検知してからでは間に合いません。本当に家が壊れるような、活断層直下の震度7の揺れには、建物の耐震化が欠かせないことは忘れないでください。

＊ 今の緊急地震速報は「震度」を中心にして出しています。震度で表す揺れは周期1秒ぐらいの比較的周期が短い揺れで、遠くまでは伝わりにくいです。もっと周期の長い揺れは遠くまで伝わります。そういう揺れは超高層ビルと共振をします。だから、超高層ビル用には長周期の揺れに特化した緊急地震速報がないといけないのです。

＊ 緊急地震速報があれば、揺れる前に情報をキャッチできます。高層ビルは揺れが大きくなる前に十分な時間がありますから落ち着いて行動することが大切です。まず

スパコンが開く直前予知の道

緊急地震速報から一歩進めるためには、やはり直前予知の領域に踏み込まなければなりません。さまざまなチャレンジと努力をしている研究者はおり、一概に無理だと芽を摘むのはダメだと思います。

「前兆すべり（プレスリップ）」については、過去に地震につながったと言えるデータや経験がまだありません。しかし、だからといって何も情報を出さない、使わないわけにはいかないでしょう。ここで期待されるのがスーパーコンピューターの活用です。

これまでも気象モデル計算にスーパーコンピューター「京《けい》」が使われていましたが、その後継機、「ポスト京」の開発も進んでいます。センサーでモニタリングしたプレートのひずみを初期条件にしながら、ポスト京でこれから何が起きるかをシミュレーションするのです。まずは、今これ

は、窓から離れ、廊下やエレベータホールなどの安全な場所に移動し、手すりなどに捕まってください。大地震では、揺れは10分以上続きます。余震も起きますから、揺れ続けることになります。

＊ 超高速計算と最新のセンサー技術で、近い未来、地震予測が現実になるかもしれません。すぐ直前予知が可能になるとは言えないでしょうが、次の地震について最大限のデータを確実に残しておけば、100年後の地震のシミュレーションで役立つはずです。こうした研究の道は、閉ざさない方がよいと思います。

だけひずみがたまっているよ、こんなことが各地で起きているとモニタリングをします。その上で、コンピューターの中に地球をつくっておいて天気予報のように次はこうなるだろうと、ほんのちょっと先に起こることを予測するのです。

否定する人はたくさんいますが、空の電子の変化と地震の関係も無視はできません。

大気の上層には、気体分子から電子が放出された状態の「電離層」があります。その電波が跳ね返る性質を利用して、ＧＰＳ（全地球測位システム）で電離層の変化を捉えることができます。大きな地震の起きる数日前や数時間前に、電離層の電子の数が増えたり、電離層に乱れが生じたりするのだそうです。

こうした変化は、地中のひずみによって岩石が電気を帯び、その電流が地球を流れて電磁波として上空にいくものだといった仮説が考えられます。ただし、地震を起こさなくても変化はあるので、確実に地震の前兆であるとはまだ言え

＊ 北海道大学の日置《へき》幸介氏など、複数の研究者が熱心に電離層の観測を続けています。地震学者の中には「マユツバ」だと思っている人もいるようです。私自身は、あまり頭から排除せずに、将来使えそうなものは使えばいいというスタンスですが、誰かが全体をバランス良く見て解説をする必要はあるでしょう。

ません。

みんなが好き勝手にああだこうだと言うとパニックになります。他のいろいろな異常現象を見ながら、総合的に判断することが将来的には必要です。今は学術界にも社会にも総合力や調整力、決断力がないから、こうした情報が出ても南海トラフ地震の臨時情報を出すことが難しいのです。

空中建築やロボット建築の夢

さらに「とんだ」話をさせてください。建物を飛ばす、あるいは空中に浮かせて地震の揺れから切り離すという考え方です。

緊急地震速報が来て、揺れるぞという瞬間に、建物をキュッと浮かす。それをリニアのように超電導でやる。そんな議論を、昔、仲間とよくしました。現実的には難しいです（戸建住宅では空気圧で一部実用化されているようです）。超電導では電気が切れてしまったらダメ。建築基準法施行令では「(建築物の)土台は基礎に緊結(しっかりと結合)」としていますが、問題提起としてはアリだと思っています。

人がバスに乗っているとき、グラっと揺れたら、足をフニャっとさせて倒れないようにします。いわゆる免震ですね。逆にガタガタした揺れで体を突っ張るのは耐震です。人間は揺れに合わせて、自然に体で制御しているのです。これが制振です。

建物もゴムなどの軟らかい装置で支えて地震の揺れをいなすのが免震技術です。しかし、地盤が大きく揺れ過ぎたら、建物が擁壁《ようへき》にぶつかってしまいます。そんなときは、むしろ免震装置をロックして、建物を硬くしてしまう。その方が安全な場合があります。揺れに応じて免震型から耐震型へと自動的に切り換える、そんな仕組みが考えられつつあるのです。

＊ すでに実用化されている免震や制振は、地震という「敵」を分かった上で、それを避ける技術です。しかし、私たちはまだ「敵」のすべてを知っているわけではありません。熊本地震の西原村の揺れは、その分かっていない部分を見せつけました。5章で触れたように、あの揺れ、長周期パルスに対しては、今の免震では対処が難しいのです。

「制振」技術の中では、これに似た仕組みがあります。

制振は、建物そのものの揺れを早く減衰させるため、主にダンパーを建物の中に組み込む技術です。それを機械的に制御するのが「アクティブ制振」。建物があっちに揺れたら、こっちに力を掛けて揺れを収める。力はアクチュエーター（加力装置）でかけます。ただ、地震の場合は、必要な電力量が膨大なため現実的ではありません。

電力を使わず建物の揺れをダンパーで吸収させるのが「パッシブ制振」。その中間で「セミアクティブ制振」などと呼ばれる技術が、ダンパーの特性を変えて制御する仕組みです。揺れに応じてダンパーを効かせるか効かせないか、オン・オフを切り換えるというイメージです。アクティブ制振に比べれば電力を使わないので、停電時もある程度、機能するものとして実用化されています。

しかし、本当に建物をそんな「ロボット」のようにできるのか、数年で壊れる電気仕掛けのようなものを取り入れてよいのかという疑問も残ります。可能性は大きいのですが、今はまだマズイよという議論もあるのが現実です。

＊ 制振技術のほか、全く新しい建築材料を開発する余地はあります。木材、竹などといった素材でもっとよいものがつくれるチャンスはあるかもしれません。木造は見直さなければいけません。

昔は大きな材料を使いましたが今は小さなチップにして、固めて大きくする技術ができたので、木質系の出番はこれからです。品質を保てるか、火災は大丈夫かなどの問題がありますが期待感は持っています。何よりも軽いから地震に強いといえます。

目覚ましいスマホとビッグデータの進化

災害が起きてしまった後のことを考えてみると、私たちが現実的に期待できるのはＩＴやＡＩの力でしょう。

スマホはＧＰＳで位置が分かるのが強みです。「ここにいる、助けて！」という情報を誰もが発信できますし、位置が変わらないスマホがたくさんあるところを探せば、大勢が生き埋めになっている場所を特定して、いち早く駆けつけられます。ただし、電源の問題と、ツイッターをはじめとするＳＮＳの情報の信頼度、個人情報の扱いが課題です。

大阪北部地震の日、ある放送局に呼ばれてスタジオに入ったら、報道の席で１００人くらいの人たちがツイッター情報を確認していました。ひたすらツイッターを見る人がいて、後ろの席でその情報の裏取りをする人がいます。そんなふうに一つ一つの投稿の正確さを確認できれば、ツイッターも役に立つのでしょう。

国レベルでは、防災科学技術研究所の災害情報チームが、何かあったら内閣府に支援に入ることになりました。しかし、このチームもツイッターの閲覧、分析まではできません。

映画『シン・ゴジラ』で描かれたように、最近までいろんな府省がバラバラに出した情報を重ねることすらできていない状態でした。そこを克服するため、戦略的イノベーション創造プログラム（SIP）という国の科学技術プロジェクトにおいて防災・減災もテーマに掲げ、情報を一元化して共有するシステムが初めてできました。

それは「府省庁連携防災情報共有システム（SIP4D）」と言います。各省庁や自治体から来た災害情報をリアルタイムに重ね合わせようとするものです。人工衛星や飛行機の情報からツイッターの情報までを取り込むところまできていて、熊本や北海道の地震、西日本豪雨などでも活用されました。

それらを災害時に広く情報提供するため、名古屋大学も参加してアプリケーションの開発などが進んでいます。スマホの機能やビッグデータの活用は日々改善されていて、この5年で画期的に進展しました。

スマホは「地震計」にもなります。白山工業という会社の「i震度」や「i地震」といった無料アプリをダウンロードすれば、スマホを机に置いておくだけでかなり精密な揺れを観測できます。その情報は白山工業が集積して、電力関係の会社と組むなどして商売にしようとしています。

こうしてそこら中のスマホがセンサー代わりになれば、揺れがもっと高解像度で、リアルタイムで分かるでしょう。地震だけではなく、土砂崩れも事前にモニターできるかもしれません。最近では車もセンサーやカメラなど、IT化しているので利用できるでしょう。

普段と違ったことが起きていて、災害につながるかどうか、それをAIが学習して知らせていくわけです。失敗もありますから、最初はAIが「オオカミ

＊ 白山工業は他にも、座るだけで過去の地震を体験できる「地震ザブトン」なども開発している会社。吉田稔さんという社長は東京工業大学を出て、地震計の開発で日本のトップランナーになった、ものすごくチャレンジングで面白い人です。

いものです。

少年」になるかもしれませんが、科学と人間との相互作用で発展させてほし

乗り越えなければならないのは、個人情報の問題です。

普段、役所は個人のプライバシー侵害を恐れて、情報をオープンにしたがりませんん。しかし、緊急事態のときだけはオープンにする「パニックオープン」という考え方があります。

スマホの通信事業者は、どこに誰が何人いるかという情報をすべて持っています。帰宅困難者が何人で、どこへ行く人が何人いるかが分かります。こうしたスマホ情報を災害時に利用しようという合意があってもよいと思います。

ハードルは高いですが、いざというとき、総理大臣が超法規的措置としてやるのはどうでしょうか。憲法改正まではいかなくても、トップが「オレが責任を取る」と首をかけてやればいいんです。こういうときにはパニックオープンにするぞと決めておけばいいのです。

＊ 先端技術利用の課題は、北海道の地震で露呈したようにデータセンターなどがダウンしたら、全部ダメになってしまうことです。

北海道は冷房があまりいらないし、土地代も安いから、多くのデータセンターができました。しかし、北海道がダメになったら、影響は日本全国に瞬時に波及します。

便利なものに食らい付くのはいいけれど、それなら食らい付くものはメチャクチャ頑丈にしておかなければいけません。それがダメになったときに、バックアップできる素朴なものも残しておかないといけません。やはりファックスはいるし、紙の帳票もまだまだ必要でしょう。

場合によっては、軍事技術をオープンにしてもよいでしょう。防衛省も米軍もメチャクチャ精度の高い写真を持っています。この国がつぶれるかもしれないときには、軍事機密だって出してもよいのではないでしょうか。

それができないのは人間が信頼されていないからです。命や社会の安寧のためには、平時のルールを柔軟に見直す知恵も必要ではないでしょうか。

世界が一変しそうな固体電池の普及

携帯、スマホの登場と同じぐらいに時代を変えそうなのは「固体電池」です。固体電池は、電池の中で今まで液体だった電解質を固体に置き換えたものです。液漏れが起きず、蓄電容量が圧倒的に増えるので、電池を小さく、安全につくれます。現在、電気自動車やハイブリッドカーの蓄電池への実用化が進められています。自動運転車に固体電池が使われる世になれば、大量生産で安くなります。軽いので空も飛べるかもしれません。この技術を用いたドローンでモノがもっと運べるようになれば、その延長線上に「空飛ぶ車」も見えてきます。そうしたら道路もいりません。

固体電池が蓄電池として普及すれば、太陽光発電でつくった電気をたくさんためられます。今は夜や曇りの日は太陽光で発電できず、その分、火力発電をフル稼働させています。

固体の蓄電池なら火力と太陽光、あるいは風力との調整弁になり、さらに送電網とも切り離せます。石油や石炭の化石燃料もいらなくなります。どんどん世界が変わっていきそうです。

今までは、電気はラインで結ばれていなくてはなりませんでした。しかし、固体電池で「ラインがなくてもいいんだよ」となった瞬間から世界が変わります。携帯電話が世に出て、電話がラインからはずれた時、世界は変わりました。同じようなことが電気でも起きる可能性があります。

トヨタ自動車と中部電力は2018年度から、廃車になったプリウスなどのニッケル水素電池を変電所で活用する実証実験を始めています。

2020年度までに約1万台分の電池を使った出力約1万キロワットの蓄電システムを構築する計画です。将来的には、電気自動車（EV）やプラグインハイブリッド車（PHV）のリチウムイオン電池も活用する方針だそうです。

これによって、火力発電所と再生可能エネルギーとの調整弁ができるでしょう。

トヨタからすれば、電気自動車のコストのほとんどを占める電池を、リサイクルルートも含めて標準化させ、家庭や発電所でも使ってもらうことでコストダウンを図れます。トヨタの場合は車だけでなく、住宅もつくっているのが強みです。

＊ リチウム電池は、金属の中で最も軽いリチウムを負極に使った電池です。軽量で起電力が強く、高エネルギー密度で寿命も長く、電子機器、ペースメーカーなどに用いられています。リチウムイオン電池はリチウム電池を充電式にしたものです。ポストリチウムイオン電池として期待されているのが固体電池。固体電解質を用い、電気自動車やハイブリッドカーの蓄電池への実用化が進められています。

「新・輪《わ》中《じゅう》」で安全なコンパクトシティーを

技術だけではなく、ライフスタイルや都市構造も変えていかなければなりません。私が提案したいのは「新・輪中」というコンセプトです。

輪中は濃尾平野の河川沿いに発達した集落や共同体のことです。水害に備えて集落をぐるりと堤防で囲むほか、それぞれの家には盛り土をして水屋をつくります。そこに備蓄品を置き、舟を準備し、水害になったらそれで逃げるのです。

普段は周りが田んぼで、人の住むところは輪中の内側に集約しておく。堤防は集落のみんなでメンテナン

輪中の水屋

写真／時事

スするものと考えたのです。とても危険な地域に住んでいたからこそ、こうした共同体をつくり生き残ってきたのです。

　現代風に言うなら、究極のコンパクトシティーとして実現できるのではないでしょうか。駅の近くなどに人が住むところを集約して、盛り土したグリーンベルトで囲う。その中はライフラインやインフラを整備して、安全な地域とする。そこを「新・輪中」にして、少しでもリスクを下げていくのです。最先端の科学技術を生かしつつ、江戸時代の素朴な生活に戻しましょうなどと呼び掛けながら……。

　外とはネットワークで接続し、エリア内の人が住んでいないところでは農業や林業を行うことにして、農家のお年寄りも活躍できるようにします。

　東日本大震災以降、南海トラフの津波被害想定地でも、丘陵地への移住が進んでいます。名古屋周辺は安全なところの人口増加率が高くなりました。三重県南部などでも若者が自主的に高台に引っ越しています。

＊「輪中」は「洪水から集落や耕地を守るため、周囲を堤防で囲んだ地域。また、その共同体制をもつ村落組織。江戸時代に発達した。木曽川・長良川・揖斐《いび》川の下流のものが有名」（デジタル大辞泉）

＊田舎にあるわが家も、最近、井戸を掘ったり、畑をつくったり、太陽電池・蓄電池・燃料電池の3電池住宅にしたりと、自立住宅化にまい進中です。

＊新・輪中では若い人は自立型住宅で自然に囲まれながら、ネットで仕事をして生きていけます。行政は特色のあるさまざまな施策を打って、そこに住めば安全で楽しいですよとアピールしたらいいのです。

防災はみんなが得をすること

こうして日本が災害との付き合いの中でできた国だと知ると、さまざまなことが理解できるのではないでしょうか。防災を通して地域や社会を再発見しましょう。知り合いも増えます。防災は決して後ろ向きの仕事ではありません。私はいつも得した気分で仕事をしています。

2000万円の家屋の耐震に、200万円を投資したとしましょう。何もしなければその家は地震で壊れて、また2000万円の再建費用がかかります。保険である程度まかなえるかもしれませんが、家族の命が奪われたり、けがをしたりするかもしれません。何より、再建するまでの時間やこころも奪われます。

その10分の1の投資で家や家財は壊れず、人の命も救われ、こころも守られるのならば、10倍得をしたことにならないでしょうか。

＊ 防災をやっていると友達が増えます。みんなが考える最も身近なことだからです。防災は社会の実態を知るのにもいいです。日本が災害との付き合いの中でできてきた国だと知ると、社会を理解する手立てにもなります。防災を通した地域の再発見もあり、今の習慣がどうしてできたのかが分かります。そんな防災の話をするとみんな引き込まれてくれます。

国全体で見ても、一軒の家が地震で壊れれば、建物の解体・撤去費に約100万円、応急仮設住宅の建設費に約600万円、生活再建支援金に約300万円、災害復興住宅（賃貸）に約2000万円……と、実に3000万円のコストが公の負担となります。地震保険の保険金、建物で最大5000万円も国が負担する可能性がありますが、これらが家一軒を耐震化すれば、すべて浮くわけです。

1戸150万円の耐震化費用で、1000万戸を直すと15兆円。これを10年間でやると年1・5兆円。それを1億2600万人で割れば、1人1万2000円、1日40円にも満たない。国民1人が毎日ワンコインで建物を直せるのです。必ずやってくる南海トラフ地震に備えるお金は、失うお金よりはるかに安いはずなのです。

深刻さが足りない政治のトップ

どうしてこういう分かりきったことに、お金や人が動かないのでしょう。私は今の「この国のかたち」がよくないからだと思います。

内閣府の防災担当は100人くらいです。その半分がキャリアで、ほとんどは他の省庁からきた官僚でしょう。防災はすべての省庁に関わる仕事ですが、彼らは元の省庁にも遠慮があります。

官邸にも近すぎるようです。政治の流れが左右されやすいので、長い目で、大らかな気持ちで仕事がしにくそうです。一人ひとりは有能ですが、南海トラフ地震のようなとても大事なテーマについて、今の組織で彼らがやるには人手も足りないし窮屈すぎます。これは枠組みの問題なので、本来は官僚ではなく政治家が考えることです。

その政治が考えた「国土強靭《きょうじん》化」の内閣官房の部屋は、防災担当よりもっと小さい部屋です。関係するそれぞれの部屋も離れています。地方創生といったプロジェクトも、強靭化と表裏の関係なのにつながっていないように見えます。科学技術ともつながっていません。本当はそれらを束ねるようにして日本のあり方を考える、もう一つ上の組織が必要なのに、それがないのです。

巨大災害は、公の力だけでは対処できず、個人や地域の力が必要です。ある政治家は「公の力がないからみんなで頑張らなければいけない、とは言いにくい」とこぼしました。公の側から公の力がないと言うのは、自分たちが責任放棄しているみたいだからダメなんだということです。

その方は、「学者の福和さんたちが言ってくれるしかない」とおっしゃいました。「なんだかなあ……」という気がします。

彼らは南海トラフ地震について、大変だとは分かってはいるけれど、まだ深刻さが足りません。これをちゃんとやらなければ国が終わるというところまで、腹には落ちていないようです。いろいろある大事な問題の中の一つぐらいの認識で、命をかけるというところまでいっていません。

しかし、歴史を振り返れば分かるように、後藤新平のような人物を今つくっておけるかどうか、今村明恒のように市井で頑張れる人がいるかどうか、佐野利器のような技術の担い手がいるかどうかが、次の震災で日本が生き残るためのカギなのです。

過去、南海トラフ地震のような大地震が起きると元号も変わりました。まさに、平成の最後の年に、新たな元号の時代に確実に起きる地震の被害軽減のために本書を出版することに因縁を感じます。

災害対応経験市長の教訓

すでに大変な思いをした人たちは分かっています。消防庁は、過去に災害対応を経験した市町村長らの証言を基に「市町村長による危機管理の要諦《ようてい》」とい

＊ 今村明恒（1章56ページの下段参照）は地震学者で、関東大震災前に東京の地震や、火災による惨禍に警鐘を打ち鳴らし、晩年に私財を投じて南海地動研究所をつくり、南海トラフ地震への警戒を訴えました。

う資料をまとめています。

冒頭には2004年に台風被害にあった、兵庫県豊岡市の中貝宗治市長の壮絶なメッセージが掲げられています。

「トップの責任は、考えれば、考えるほど、凄まじい世界。マニュアル通りであるわけではない。それだけ厳しい。自分の判断が人の命にかかわる。その恐ろしさを引き受ける覚悟で、選挙に出ろと言いたい。政治家の平時の思考パターンからしても、防災を本気で考えている人はそう多くないだろう。でも、当選したら市町村長だ。先輩としては『覚悟を持て。その覚悟が形に現れるように身に付けろ』と言いたい。

『任せてください』と言いたくなる。でも『最後は、市民自身の判断になる』ことを、私は正直に市民に伝えていなかった。そのツケが、いざというときに出てきた。厳しい現実から目をそむけたいだろうが、市民にもいざというとき

＊ 「市町村長による危機管理の要諦」には、台風被害に対応した市長の次の言葉も出ています。

「官僚の皆さんは政治責任を取れないのです。県がやっても知事が判断するわけではなくて、多分ここの事務所の局長がするとかになるので。それはつまり、政治家が判断するのがいいのか、役人が判断するのがいいのかという選択肢の問題で、それは政治家がやらないといけません。死者が出たときに私が辞めますといって責任を取れるのも自治体のトップだけです」

＊ 「市町村長による危機管理の要諦」に掲げられた「市町村長の責任・心構え」を引用してみます。

の覚悟を求めていかなければならない。

トップは、辛くても最悪のことをイメージする思考を止めない。自分のまちでこんな地震が起きたら、どうなるか、具体的にイメージする。大水害でどうなるか、イメージする。リアリズムをもって、想像力を働かせて、真剣に思い浮かべてみる。現場は市町村だという覚悟を持つ。

そうすれば、やるべきことは見えてくる。自分しかない。逃げられない。後ろを向いても誰もいない。決断するのはあなたです。覚悟を決めて、腕を磨きましょう」

いかがでしょうか。市町村長に限らず、すべての政治家にも心に留めておいてほしい言葉ばかりです。

（1）危機管理においては、トップである市町村長が全責任を負う覚悟をもって陣頭指揮を執る。

（2）最も重要なことは、①駆けつける、②体制をつくる、③状況を把握する、④目標・対策について判断（意思決定）する、⑤住民に呼び掛ける、の5点である。

（3）市町村長がまず最初に自ら判断をしなければならない事項は、避難勧告等の発令である。

（4）災害状況が正確に把握できない場合でも、最悪の事態を想定して判断し、行動する。

（5）緊急時に市町村長を補佐する危機管理担当幹部を確保・育成する。

（6）訓練でできないことは本番ではできない。訓練を侮らず、市町村長自ら訓練に参加し、危機管理能力を身につける。

社会のバランスを取るために

社会には2面性があります。先端と普及、競争と協働、公と私、トップダウンとボトムアップ、部分最適と全体最適、効率と冗長、集中と分散、コストと安全、建前と本音……。

よくよく見ると、今の社会は前者が行き過ぎて、後者が取り残されていることが分かります。

超高層ビルの「先端」技術ばかりではなく、住宅を直す「普及」型の安い技術が必要です。防災は「競争」ではなく、力を合わせる「協働」が基本。「私」という一人ひとりを大事にして、「ボトムアップ」でものごとを決めるのが大事なのです。でも一部のことだけを考えると「全体最適」化が実現しません。今の日本社会は、こうした2面性のバランスが取れていないような気がします。

南海トラフ地震の被害は、日本の固定資産やフロー資産の約1割です。社会が1割のゆとりを持てば吸収できます。

ムダを省きすぎず、多少のムダでこころのゆとりを持たなければいけません。そして「建前」は、組織を維持したいから出てくるのでしょうが、個人を重視すれば「本音」を言わなければなりません。

一人ひとりが当事者意識をもって、みんなが社会の構成員だと思い、国への愛、社会への愛をもちながら幸せに暮らしていきましょう。そうしないと、災害とも付き合えません。

子どもたちは「個性」が大事と言われながら、実は目立たないように、人と違わないようにと意識しています。就職活動になるとみんな同じ服を着て、同じようにスマホをいじります。スマホからは自分の知りたい情報しか出てこないので、検索の順番通りにみんなが行動します。

防災を考えるのは、こうやって均質化された世界から自由になることです。

＊ 忙しい世の中、人間どうしても大災害や防災のことを考え、行動するのが後回しになります。

私は昔から「即断即応」を心掛けています。臆病なので仕事が来たらすぐ80点ぐらいのところまでサッと仕上げます。そうしないと仕事が次々に来たとき、どんどんお手上げになります。80点から100点にするのは大変なのですが、それは少し時間があるときにやります。これが手遅れにならないコツです。

自由な子どもたちに未来を託す

子どもたちの目の前で、私は相変わらず地面に見立てて、プリンを揺すります。プリンの上にタケノコやキノコのチョコレートをちょこんと乗せて揺するだけで、みんな目をぱちくりさせます。地盤と杭基礎の関係という説明は、後回しでいいのです。

男の子には机の上に乗ってもらい、「一番強いかっこうをして」と言って机をグラグラと揺らします。「そんなかっこうじゃダメじゃん」と言って足を開かせ、またグラグラ。「今度はぜんぜん大丈夫だよね」と言うと、その子の目はキラキラと輝きます。

「次は足だけフニャフニャにして、体は固定して」と言って揺らすと、さらに安定しています。最新の免震技術の体験です。「ホントだ」と、みんなピンときます。驚き、笑い、でもちゃんと聴いてくれます。先入観のない子どもたちってすごいです。最後に、家の家具止めの有無を聞いて、「お父さんお母さ

＊ プリンは軟弱地盤、タケノコは直接基礎の建物、キノコは抗基礎の建物です。地震のときの建物の揺れを簡単に再現できます。

んに家具止めしようねって約束をするんだよ」と言って終わらせます。一人でも多くの親が行動してくれることを期待しながら……。

私はあくまで大学教授であり、研究者であり、「建築屋」です。具合の悪いところを、誰も直してくれなかったら、自分でやれる範囲で直します。それが建物のつくりであれ、組織のあり方であれ、社会の仕組みであれ、やれることから、やれる範囲で。

＊「身近なことから考え、時々大きなことを考える（着眼大局、着手小局）」ことにしています。何か新しい試みを考えるときには「人」「コト」「モノ」「カネ」「場」の順番で考えます。

あとがき

私は、名古屋大学構内の減災館という免震建物の中に勤務しています。

２０１８年10月16日の午後、旧知の新聞記者から携帯に電話がありました。

「先生の建物のダンパーはどこのですか？」

このとき、油圧機器メーカー大手が、地震に備える免震・制振装置の検査データを改ざんしていたことが発覚。中央省庁や自治体庁舎に問題のダンパーが使われていたことが分かり、大きな問題になりました。

記者の電話とほぼ同時に、同僚の先生からメールで国土交通省の発表が報じられていると連絡が入り、ホームページをみてビックリしました。減災館にも不正の疑いのあるダンパーが使われているからです。

ダンパーの開発者たちは本当に優秀な技術者で、長周期地震動対策について一緒に議論をしていた人たちです。思わず「えっ！　まさか！」と言ってしまいました。その後、過去の実験データを調べ、減災館のダンパーについては安全上特段問題がないと判断しましたが、忸怩《じくじ》たる思いと残念な気持ちでいっぱいでした。

同時に深く考えさせられました。

第一点は、優秀な開発者は設計しただけ。つくるのは工員さん、製作現場の状況までケアできていなかったということです。

自動車などのダンパーは年に何千万本とつくります。1日に数万本もつくり、自動生産で人間の手を介在しないので、誤差は入り込みにくい。品質にばらつきがありません。

一方で建物のダンパーは年に1000本、1日に4本ぐらいしかつくりません。自動車用と違って大型なので、小型の大量生産品のように同じ精度というわけにはいきません。でも、自動車のダンパーと同じ精度が求められます。そして、検査で引っ掛かると全部分解してやり直さなければなりません。工事現場は「何日に持って来い」という。間に合わせないと工事を日単位で止めてしまう……。そんな中でデータ改ざんに手を染めてしまったのかもしれません。

今回の不正が行われたダンパーは多くが防災拠点に使われています。少しでも変なことをすれば迷惑が掛かるということを分かっていたら、検査をごまかそうとはしません。

でも、現場はルールを守ることよりも、短絡的に会社に迷惑を掛けないことを選んだ。経営トップや開発者はこういう現場の状況をどこまで知っていたのでしょうか。

もう一つは、メディアがダンパーのメーカーを批判し、問題を指摘するだけで、「なぜそんなことが起きたのか。同じようなことが起きないようにするのにはどうしたらいいのか」にあまり踏み込まないことに疑問を持ちました。ダンパーメーカーのやったことは許されませんが、みんなが批判者ばかりになっていてよいのでしょうか。責任追及の一方で、ダンパーの修復工事を早くして社会の不安を取り除く必要があると思いましたが、それを先導する人がいません。本当に危険なものはどれだけで、ダンパーを取り換えるにはどういうやり方があって、それを速やかにやるにはどういう技術開発をすればいいのか。本当はそれを考えなければいけません。

このメーカーはダンパーで圧倒的なシェアを持っていて、なくなるとみんなが困る。自動車もつくれなくなる。「危険だ、危険だ」と言っているだけでは問題は解決しません。

南海トラフ地震や首都を襲う地震への対応も同じです。現場がどういう状況にあるのかをちゃんと知らなければ適切な対策はできません。表層的な問題提起だけで本質に迫らなければ、問題解決はできません。

本音で語り、本質を見抜き、本気で実践する。

やはり、キーワードはこれだと思いました。

本書の制作中、北海道で地震が起き、全道ブラックアウトが起きました。大阪北部地震での都市機能マヒ、西日本豪雨や台風21号でもインフラが大打撃を受けました。

警告しようとしていることが次々に現実になる。現実が執筆を後押ししているようにも思えました。

前著の『次の震災について本当のことを話してみよう。』同様、本書の制作では、時事通信出版局の松永努社長とジャーナリストの関口威人さんと大いに議論しました。お二人のご協力に深く感謝いたします。

2019年2月

福和 伸夫

【参考文献】
『江戸・東京の地理と地名』鈴木理生、日本実業出版社、2006年
『関東大震災——大東京圏の揺れを知る』武村雅之、鹿島出版会、2003年
『日本の地震予知研究130年史』泊次郎、東京大学出版会、2015年
『プレートテクトニクスの拒絶と受容』泊次郎、東京大学出版会、2008年
『ニュートン別冊 地震研究の最前線』ニュートンプレス、2016年
『ニュートン別冊 富士山噴火と巨大カルデラ噴火』ニュートンプレス、2014年
『人口から読む日本の歴史』鬼頭宏、講談社学術文庫、2000年

【著者紹介】
福和伸夫（ふくわ・のぶお）
1957年生まれ、名古屋市出身。名古屋大学教授・減災連携研究センター長、あいち・なごや強靱化共創センター長、工学博士、日本地震工学会会長など。81年3月名古屋大学大学院工学研究科修了。同年大手建設会社入社。91年名古屋大学に転じ、2012年1月より現職。専門は、建築耐震工学、地震工学、地域防災。早期の耐震化を強く訴え、防災の国民運動づくりを率先。「自然災害は防ぐことはできないが、その被害を減らすことはできる」という信念のもと、研究のかたわら、耐震教材を多数開発し、全国の小・中・高等学校などで「減災講演」を続けている。巨大な建物を実際に揺らすことのできる世界に類をみない研究・展示施設、名古屋大学「減災館」はその結集とも言える。中央防災会議防災対策実行会議に設置された「南海トラフ沿いの異常な現象への防災対応検討ワーキンググループ」の主査を務めた。

必《かなら》ずくる震災《しんさい》で日本《にほん》を終《お》わらせないために。

2019年 3月20日　初版発行

著　者　福和 伸夫
発行者　松永　努
発行所　株式会社時事通信出版局
発　売　株式会社時事通信社
〒104-8178　東京都中央区銀座5-15-8
電話：03(5565)2155　http:// book.jiji.com

取　材　関口 威人
デザイン　松田　剛、尾﨑 麻依（東京100ミリバールスタジオ）
校　正　福田 智弘
印刷・製本　中央精版印刷株式会社

ISBN978-4-7887-1608-7 C0036 Printed in Japan

時事通信社の本

次の震災について本当のことを話してみよう。

福和 伸夫（著）

南海トラフ地震は「来るかもしれない」のではなく「必ず来る」!

国民の半数が被災者になる可能性がある南海トラフ大地震。それは「来るかもしれない」のではなくて、**「必ず来る」**。関東大震災の火災、阪神・淡路大震災の家屋倒壊、東日本大震災の津波。その三つを同時に経験する可能性がある。首都圏を襲う大地震も懸念される。軟弱な地盤に林立する超高層ビル。その安全性は十分には検証されていない。**見たくないものを見る**。それが最悪を防ぐための出発点。「社長や株主に報告するため」のBCPはダメ。「差し障りがあること」をホンキで話す！ 今すぐ、家庭でできることもたくさんある。カタストロフィーを生き残るために。ホンネで語る**「攻める防災」!**

四六判／280頁／定価：本体1,500円＋税／ISBN 978-4-7887-1536-3